# 高校教师教学基本技能提升策略

向凯全　任新智　编著

西北工業大學出版社
西　安

**图书在版编目(CIP)数据**

高校教师教学基本技能提升策略 / 向凯全，任新智编著.—西安 ：西北工业大学出版社，2024.3

ISBN 978-7-5612-9265-5

Ⅰ.①高… Ⅱ.①向… ②任… Ⅲ.①高等学校-师资培养-研究 Ⅳ.①G645.12

中国国家版本馆 CIP 数据核字(2024)第 072675 号

**GAOXIAO JIAOSHI JIAOXUE JIBEN JINENG TISHENG CELUE**

**高 校 教 师 教 学 基 本 技 能 提 升 策 略**

向凯全　任新智　编著

**责任编辑**：隋秀娟　马　丹　　**策划编辑**：张　炜

**责任校对**：曹　江　　**装帧设计**：李　飞

**出版发行**：西北工业大学出版社

**通信地址**：西安市友谊西路 127 号　　邮编：710072

**电　　话**：(029)88493844,88491757

**网　　址**：www.nwpup.com

**印 刷 者**：广东虎彩云印刷有限公司

**开　　本**：787 mm×1 092 mm　　1/16

**印　　张**：8.75

**字　　数**：207 千字

**版　　次**：2024 年 3 月第 1 版　　2024 年 3 月第 1 次印刷

**书　　号**：ISBN 978-7-5612-9265-5

**定　　价**：58.00 元

# 《高校教师教学基本技能提升策略》

## 编　委　会

**主　任**　向凯全　任新智

**副主任**　高　鲁　王寅龙

**编　者**　叶和明　崔　静　史宪铭　刘焕峰　谷宏强

刘　杰　万　龙　姜东昕　陈智博　曾慧燕

张　英　曾春花

# 前　言

党的十八大以来，习近平总书记对教师队伍建设的要求不断深化，从“四有”好老师到“四个引路人”，从做学生为学、为事、为人的大先生到“经师”和“人师”的统一者，再到大力弘扬教育家精神，深刻阐明了教师对于学生成长、教育发展和民族未来的重要影响，深化了对教师队伍成长规律的认识，把新时代对教师队伍的要求提到了新的高度，为广大教师担当好培养社会主义建设者和接班人、建设教育强国的重要使命指明了方向。

强国必先强教，强教必先强师，新时代迫切需要打造一支师德高尚、业务精湛、结构合理、充满活力的高素质专业化教师队伍，为全面提高人才培养质量提供强有力的支撑。在多年院校师资队伍培养工作实践中，我们围绕“年轻教师队伍教学能力建设”这一现实课题开展了研究，从不同方面设计了年轻教师教学能力提升的基本策略。

全书内容共八章。一至五章介绍了年轻教师应掌握的教育教学理论和基本技能；六至八章结合具体教学实践，从备课、教学组织与实施、教学考核与评价等方面介绍了教学实施过程。第一章为教学模式，阐述了教学模式的基本概念，介绍了教学模式的分类，分析了常见的典型教学模式。第二章为教学方法，阐述了教学方法的基本概念，分析了常见的教学方法，给出了教学方法应用的示例。第三章为教学设计，阐述了教学设计的基本概念，归纳总结了教学设计的基本原则，明确了教学设计应涵盖的主要内容，给出了教学设计应用的示例。第四章为教学语言，阐述了教学语言的基本概念，提出了教学语言运用的基本原则和提升教学语言运用艺术的方法。第五章为教学手段，阐述了教学手段的基本概念，探讨了板书和多媒体等常用教学手段的应用技巧。第六章为备课，介绍了备课应注意的要点和教案撰写应把握的基本原则，给出了教案撰写的示例。第七章为教学组织与实施，概要分析了教学实施的基本策略，分别从理论教学和实践教学分析探索了教学组织实施的具体过程。第八章为课程考核与评价，阐述了课程考核的基本概念、主要问题、组织原则和策略，分析了课程教学评价的内涵、设计与组织实施，以及如何进行教学反思与总结。

本书由向凯全、任新智编写，由高鲁、王寅龙、叶和明等参与编写。具体分工如下：第一章由史宪铭、任新智编写，第二章由崔静、陈智博编写，第三章由谷宏强、曾春花编写，第四章由向凯全、刘杰编写，第五章由王寅龙、万龙编写，第六章由刘焕峰、曾慧燕编写，第七章由高鲁、姜东昕编写，第八章由叶和明、张英编写，全书由向凯全、任新智、高鲁统稿。

在编撰本书的过程中，笔者引用和参考了部分国内外相关文献资料，在此对其作者表示感谢。

由于笔者水平有限，书中不足之处在所难免，敬请广大读者批评指正。

**编　者**

2023 年 11 月

# 前　　言

# 第一章 教学模式

教学模式是在一定教学思想或教学理论指导下建立起来的较为稳定的教学活动结构框架和活动程序。教学模式为教师提供了非常具体的教学行为框架，它规定了教师的教学行为，使教师在课堂上有章可循，便于教师开展教学。教学模式是教学理论和教学实践的“中介物”，对于教师来说，研究和探讨教学模式可以丰富和发展教学理论，有利于指导教学改革实践，进一步发挥教学过程的合力，把握教学过程的本质和规律，优化教学过程，提高教学效率，实现教学的最优化。

## 第一节 教学模式概述

### 一、教学模式的概念

#### (一)定义

教学模式是指依据一定的教学思想和教学理论而形成的相对稳定的、系统化和理论化的教学活动的范式。教学模式是教学理论联系实际的具体化，也是教学经验的一种系统的概括。它既可以直接从丰富的教学实践经验中通过理论概括而形成，也可以在一定的理论指导下提出一种假设，经过多次实验后形成。

国内关于教学模式的定义，概括起来大致有以下四种。

第一种认为，教学模式是在教学实践中形成的一种设计和组织教学的理论，这种教学理论是以简化的形式表达出来的，可称为“理论说”。

第二种认为，教学模式是在一定教学思想或理论指导下建立起来的各种类型教学活动的基本结构和框架，可称为“结构说”。

第三种认为，教学模式是在一定教学思想指导下建立起来的完成所提出教学任务的比较固定的教学程序及其实施方法的策略体系，可称为“程序说”。

第四种认为，常规的教学方法俗称小方法，教学模式则俗称为大方法。教学模式不仅是一种教学手段，而且是从教学原理、教学内容、教学的目标和任务、教学过程直至教学组织形式的整体且系统的操作样式，这种操作样式是加以理论化的，可称其为“方法说”。

**(二)特征**

1. 整体性

教学模式一般是由理论基础、教学目标、操作程序、实现条件、评价等要素构成的有机整体，自身有一套比较完整的结构和机制，其组成要素及其关系具有相对的内在联系。在运用时，必须从整体上把握，透彻了解其理论原理，切实掌握其方式、方法。

2. 简约性

教学模式是对教学理论或实践经验的概括和浓缩。在表现形式上，它采用精炼的语言、象征的图形和明确的符号来表示其构成要素之间的复杂关系，具有简约性特征。

3. 指向性

每种教学模式都是为实现特定教学目标而设计的，它不是万能的，有其特定的运用条件和运用范围，因而具有较强的针对性与适应性。

4. 可操作性

教学模式不是思辨推论，它提供的教学理论、操作要求和教学程序便于人们理解、把握和运用，为实际教学工作提供一套可供操作的范式。这是教学模式区别于一般教学理论的重要特点。

5. 开放性

教学模式是一个动态开放的系统，有一个产生、发展、完善的过程。虽然教学模式一旦形成，其基本结构就会保持稳定，但这并不意味着该教学模式会一成不变，它可以在运用中加以变通。

**(三)功能**

1. 教学模式的中介作用

教学模式的中介作用是指教学模式能为各学科教学提供可以凭借的模型、程式，在理论与实践之间搭起一座桥梁。也就是说，教学模式以简约化的形式表达一种教学思想或教学理论，便于人们掌握和运用，能有力地指导教学实践。同时，教学模式对具体教学活动经验进行概括，形成探索性框架，再通过不断的实践和试验，在理论上进一步系统化、规范化，为教学理论的研究提供素材。因此，教学模式又是个别的特殊经验转化为一般理论的中介环节，对教学理论的丰富和发展作出了贡献。

教学模式的这种中介作用，是由于它既来源于实践，又是某种理论的简化。一方面，教学模式来源于实践，是对一定的具体教学活动方式进行优选、概括、加工的结果，其操作框架有着内在的逻辑关系，已经具备理论层面的意义；另一方面，教学模式又是某种理论的简化表现方式，它可以通过简明扼要的象征性符号、图式和关系的解释，来反映它所依据的教学理论的基本特征，便于人们理解某一教学理论，它是抽象理论得以发挥其实践功能的中间环节。

2.教学模式的方法论意义

对教学模式的研究是教学研究方法论的一种革新。长期以来，人们在教学研究上习惯于采取单一、刻板的思维方式，注重运用分析的方法对教学的各个部分进行研究，而忽视各部分之间的联系或关系，或者是习惯于停留在各部分关系的抽象理解上，缺乏教学特色和可操作性。对教学模式的研究指导人们从整体上去综合探讨教学过程中各因素之间的互相作用及其多样化的表现形态，以动态的观点去把握教学过程的本质和规律，同时，对加强教学设计、研究教学过程的优化也有一定的促进作用。

**(四)发展趋势**

教学的发展离不开对模式的研究与应用，教学模式是教学论的重要研究范畴。未来的教学模式研究趋势有以下几个特征。

1.理论基础趋向多元化

当代国内外教学模式的理论基础不仅局限于哲学认识论和教育学，而且趋向多元化。随着现代心理学的发展，教学模式的心理学化色彩比较浓厚。除此之外，系统论、控制论、信息论、社会学、管理学、工艺学、美学等学科的发展，为教学模式的发展奠定了更为深厚、多元的理论基础。

2.由以“教”为主向“学教并重”转化

我们以往的传统教学理论主要从教师如何“教”这一角度探讨教学，比较容易忽视学生的学习心理、学习活动的规律等。随着人们对学生这一学习活动主体认识的深化，尤其是心理学的发展及其在教学中的应用，人们纷纷努力从学生的角度来研究和建立新的教学模式。

3.致力于教学模式的实验研究

从教学模式的构成逻辑看，教学模式的建构与发展离不开教学实验。另外，教学模式的推广和应用同样也离不开教学实验。

4.教学模式的目标趋向情意化

教学模式的发展目标不仅指向认知领域和技能领域，而且应指向在以往研究中较为忽视的情意领域。种种教学目标的情意化，强调教学模式的科学性与艺术性的高度统一，对人的知、情、意、行的协调发展起促进作用。

## 二、教学模式的开发

**(一)开发原则**

1.树立发展与审美的教学观

教学模式的建构不仅要关注学生如何有效地积累知识，而且重心应该转移到学生智能的提高以及创造思维和自学能力的培养上。另外，还要注意教学模式的审美取向，减轻学生的精神负担，尽量让学生在愉快的精神状态下进行自主学习。将审美引入教学、按照审美的法则规划教学代表了一种新的教学发展方向。

2.借鉴与发展相结合

国外对于教学模式的研究较为丰富,教学模式的建构需要批判地借鉴国外的教学模式。无视国外教学模式的发展态势,一味强调创新,会将我们对教学模式的研究导向封闭。但是教学模式问题是与各个国家、地区的文化等因素相关的问题,因此,在模式的建构过程中,也要创造适合自己文化特色和教学传统的模式,要坚持秉承借鉴与发展相结合的原则。

3.归纳法与演绎法并举

在教学模式的建构过程中,归纳法与演绎法往往是交错运用的。演绎法是指从科学理论假设出发,推演出一种教学模式,然后用严密的实验证实其有效性。它的起点是科学理论假设,形成的思维过程是演绎。归纳法是指从教学经验中总结归纳出来的一种教学模式。它的起点是丰富的教学经验,思维过程是归纳。

4.普及与提高相统一

我国幅员辽阔,各地区经济、文化存在差异,教育水平发展不平衡。因此,在建构教学模式时,应兼顾不同地区教育发展水平,坚持普及与提高相统一的原则。为了提高九年义务教育的质量,需要针对我国农村与边远地区的师资、生源及教学条件建构适宜于农村普及的教学模式。对于教育条件较好的地区,努力开发"提高型"教学模式。

**(二)开发要素**

一个完整的教学模式应包含以下基本要素。

1.教学指导思想

任何教学模式都是在一定的教学思想或教学理论的指导下产生的,教学思想是教学模式赖以形成的基础,它为教学模式提供了理论根据,使人们能够清晰地了解某一教学模式的基本脉络。例如,"程序教学模式"是根据行为主义学习理论提出来的,"以学生为中心教学模式"是根据人本主义学习理论提出来的。无论是从教学原理演绎出来的教学模式,还是从实际的经验中提炼出来的教学模式,都有一个鲜明的理论贯穿其中。

2.教学目标

教学目标是指教学模式所能达到的教学结果,是教师对某项活动在学生身上将产生什么样的效果所做出的预先估计。由于教学模式是依据一定的教学目标而设计的教学范式,因此,教学目标可谓是教学模式的核心因素,是整个教学活动要努力完成的规定任务。教学目标决定了教学模式的操作程序,同时它也是师生活动和教学评价的依据和标准。

3.教学策略

教学模式的策略是指完成教学目标所采用的一系列途径、手段和方法体系,也就是在教学过程中教师和学生所采用的各种教学方式、方法和措施的总和。教学策略是指为教师运用模式而简要提出的原则、方法和技巧,即操作要领。要保证教学模式的策略在执行时的可靠性,提出的策略必须是清晰、确切的。

4.操作程序

操作程序是指教学在时间上展开的逻辑步骤以及每个步骤的主要做法等。任何教学模式都具有一套独特的操作程序和步骤。例如:赫尔巴特的教学模式强调知识的传授,其操作程序是明了、联想、系统、方法四个步骤;杜威的教学模式注重实践能力的培养,其操作程序为情境、问题、假设、解决、验证五个步骤。由于教学过程中既有教材内容的展开顺序、教学方法交替运用的顺序,又有内在的、复杂的心理活动顺序,因此操作程序只能是基本的、相对的,而不是僵化和一成不变的。

5. 教学评价

教学评价是教学模式的一个重要因素,包括评价的方法、标准等。由于各种教学模式在目标、操作程序、策略方法上各不相同,因此评价的方法和标准也存在差异。每种教学模式一般都应该具有适合自己的评价方法和标准。

## 三、教学模式选择与运用

### (一)教学模式的选择

教学模式的选择是依具体的教学情境而定的。

1. 根据教学目标选择教学模式

教学目标不同,所采用的教学模式也不同,要选择那些有利于更好地完成教学目标的教学模式。如果教学目标偏重于知识的学习和发展,教材又多属于知觉和记忆一类的内容,则适宜采用系统接受的教学模式。如果教学目标侧重于智能的发展,且教材的难度适中,则适宜采用引导发现或自学指导的教学模式。

2. 根据教学内容选择教学模式

不同的教学内容决定了所采用的教学模式也有所区别。有学者将中小学课程的教材大体上区分为四种类型。①认知性教材,如数学、自然等,其内容主要是自然界运动的规律及由此抽象出来的公式、定理、法则等。②技术性教材,如物理、化学等,其内容主要是针对实践操作过程的技术性说明。③思辨性教材,如哲学、社会发展史、法律常识等,其主要内容是对社会现象运动规律所作的抽象概括及为适应这些规律而制定的行为准则等。④表达性教材,如语文、音乐、美术等,其主要内容是人类创造出来的美的产品,既有知识性内容,又有情感性内容。随着课程改革的发展,综合化成为教学内容的一个主要趋向,但是在教学过程中也应该针对不同内容重点,选择更适合的教学模式。

3. 根据学生的特征选择教学模式

不同的教学模式对学生的知识、智力水平等要求不同,应该选择那些适合学生年龄特征、学生身心发展的教学模式。教学模式的选择应该尊重儿童的身心发展规律和学习规律,激发学生的内在学习动机,教师不能从自己的主观出发而武断地选择教学模式。

4. 根据教师自身特点来选择教学模式

教学模式的功能是要通过具体的教师来实现的,每个教师在选择教学模式时要尽量考虑自己的学识、能力以及教学经验,尽量扬长避短,选择那种比较适合施展自己的聪明才智的教学模式。

**(二)教学模式的运用**

教学模式的运用应该遵循以下几个原则。

1.树立正确的教学观

教学模式理想效果的取得,与教学观有着密切的联系。如果教师采用错误的、陈旧的教学观来指导教学,即使采用新的教学模式也无济于事。因此,树立正确的教学观是运用教学模式的前提基础。

2.克服模式的单一化

教学过程具体而复杂,教学内容丰富而多样,教学所要完成的任务也是多方面的。因此在实际的教学过程中,教师应该注重多种教学模式的综合性运用。

3.模仿之中有创造

教学模式为教学实践提供了操作的范本,但是教师不能盲目照搬和机械套用。在运用教学模式时,应该针对具体的教学实践在原有基础上有所超越和创造,形成教师个人富有个性化的教学风格,从而做到模仿之中有创造,运用之中有发展。

4.充分利用现代教学媒体

多种现代教学媒体的出现,丰富了教学的信息途径,也促进了教学模式的改革。利用现代教学媒体,可以增加学生接受信息的途径。

## 第二节　教学模式的分类

关于教学模式的种类,国内外学者从不同角度出发进行了不同方式的分类。这里着重介绍三种。

### 一、理论性分类

乔伊斯和威尔根据教学模式的理论根源,区分出了四种类型的教学模式。

**(一)信息加工教学模式**

信息加工教学模式依据的是信息加工理论,把教学看作一种创造性的信息加工过程,依据计算机、人工智能的运行规程确定教学的程序,着眼于知识的获得和智力的发展。属于这种类型的教学模式有皮亚杰的认知发展模式、奥苏贝尔的有意义言语接受模式、加涅的累积学习模式、布鲁纳的发现学习教学模式等。下面以发现学习教学模式为例,说明该类学习模式的特点。

美国教育家布鲁纳针对传统“仓库式”的教学思想,提出“不论我们教什么学科,务必使学生理解学科的基本结构”。他在强调学科的基本结构的同时,还要求教学采用一种最能使学生有效地掌握学科基本结构的方法——发现法。在此基础上,形成了发现学习教学模式,这一理论与赞科夫的教学与发展思想、瓦·根舍因的范例教学思想被并誉为当代教学论的三大流派。

1.理论基础

①结构主义。布鲁纳是认知学派的主要代表人物，他的教学思想主要是在吸收皮亚杰、乔姆斯基等人的心理学的研究成果，继承和发展认知结构发展心理学和直觉主义认识论的基础上形成的。结构主义“强调认识事物内部的结构，反对单纯地研究外部现象；强调整体性的研究，反对孤立的局部性研究；强调从系统功能中把握事物，反对单纯的经验描述”。②学科基本结构。学科基本结构指的是该学科的基本概念、基本原理以及它们之间的关联性，是知识的整体和事物的普遍联系，而不是孤立的事实本身和零碎的知识结论。③发现法。布鲁纳认为，学生的认识过程类似于人类的认识过程，教学过程是教师指导下学生的发现过程，学生要主动地进行学习、探究和发现事物，而不是消极地“接受”知识。学生要像数学家那样思考数学，像历史学家那样思考历史。

2.教学目标

发现学习的教学目标在于让学生掌握学科的基本知识，并帮助每个学生获得最好的智力发展。学生的智力和能力的发展是教学的中心目标。同时还要注重发展学生的直觉思维及学习的内在动机。

3.操作程序

①提出问题。教师选定一个或几个一般的原理，给学生一些感性材料，使学生带着问题学习，学生提出不懂的问题。②创设问题情境。问题情境是一种特殊的学习情境，情境中的问题既适合学生已有的知识水平、能力，又需经一番努力才能解决，从而使学生形成对未知事物进行探究的习惯。③提出假设。利用所给材料，在寻求答案的过程中，充分利用直觉思维提出各种有益于问题解决的可能性，罗列出解决问题时可能碰到的困难，等等。④评价、验证、得出结论。对各种可能性运用分析思维进行反复的求证、讨论，寻求答案，根据学生的“自我发现”，提出一般的原理或概念，把一般的原理或概念付诸实践，提高学生运用知识、分析问题和解决问题的能力。

4.实现条件

布鲁纳提倡学生主动探究，并不否定教师的作用。他认为，教师在教学中永远都是主导者。从教师的角度讲，要想更好地进行发现式教学，教师要注意将教学与学生的认知发展相适应，合理安排教学序列。另外，教师还要注意适时的强化，选择适当的时机让学生了解自己的学习结果。

**(二)人格(个性)发展教学模式**

这种类型的模式依据的是个别化教学理论与人本主义的教学思想，强调个人在教学中的主观能动性，坚持个别化教学，着眼于人的潜力和整个人格的发展。属于这种类型的教学模式有罗杰斯的非指导性教学模式、戈登的创造工学模式等。下面以非指导性教学为例，说明该模式的主要特点。

非指导性教学模式的倡导者为美国著名人本主义心理学家罗杰斯。他改变了传统教学以教师为中心的、灌输性的、有指导的教学，提出教学应该提供一种令人愉快的环境气氛。

在这种气氛中，学生是教学的中心，教师为学生的学习提供各种条件，从而形成了“以学生为中心”的非指导性教学模式。

1. 理论依据

非指导性教学以人本主义心理学为理论基础。非指导性教学理论又称学生中心教学理论，源于罗杰斯的非指导性咨询理论。作为心理咨询专家，罗杰斯强调病人自我解脱、以病人为中心的心理治疗方法，医生仅起一个咨询的作用，鼓励病人自由地表达思想，医生和病人一起讨论他们所愿意讨论的任何问题。他把这种治疗方法引用到教育领域，形成了“学生中心”教学理论。

2. 教学目标

在罗杰斯看来，在知识激增且不断更新的时代，传递知识不再是教学的主要目的，教学所追求的目标是“适应变化和学习的人”，即培养能够适应社会变化和知道如何进行学习并充分发挥作用的人。“充分发挥作用的人”就是“学会怎样学习的人，学会怎样适应和变化的人”。

3. 操作程序

非指导性教学是一种无严谨结构的教学模式，教学的目的、内容、进程和方法等由学生自己讨论。其操作程序大致为：首先，创设情境。教师建立一种有利于学生接受的气氛或问题情境。其次，个人和小组鉴别并追求他们的学习目标。教学活动是由“我们今天希望讨论什么或做什么”这一类问题发端，在学生各自提出问题的基础上，经过讨论最终形成小组全体成员共同感兴趣的问题，从而确定教学目标。

4. 实现条件

一是要十分重视人际关系和情感因素在教学中的作用。教师要以真诚的态度对待学生，应把学生的感情和问题放在教学过程的中心地位。二是教师不是教学生怎样学，而是提供学习手段（包括教师本人的学识、能力、思维方式等），由学生决定怎样学。因此，教师是以顾问的身份出现的。

5. 教学评价

非指导性教学强调学生的自我评价，其本质是使学生自己承担学习的责任，了解自己学习的过程、优点和不足，思考自己提出问题的思维品质，使自己始终处于学习过程的中心。

**（三）社会交往教学模式**

这种类型的教学模式依据的是社会互动理论，强调教师与学生、学生与学生的相互影响和社会联系，着眼于学生社会性品格的养成。属于这种类型的教学模式有杜威和塞林的小组探索模式、西伦的小组研究模式、奥利弗和谢弗的法理学模式、马塞拉斯和考克斯的社会调查模式。

**（四）行为修正教学模式**

这种类型的教学模式以行为主义心理学理论为依据，把教学看作一种不断修正的过程，着重学生行为习惯的控制和培养。这种类型的教学模式有斯金纳的程序教学模式、加里培林以“智力行为多阶段形成理论”为基础的教学模式。下面以程序教学模式为例，介绍该模式的特征。

程序教学是由美国著名的行为主义心理学家和教育思想家斯金纳在运用行为主义心理学的基础上推广发展的，以程序教学机器或程序教材为基础进行教学的模式。在该模式中，“‘程序’代替了教师，程序通过一套事先设计好的、有一定顺序的特定行为，使学生按照教师期望的方式去行动”。

1. 理论基础

程序教学的理论基础是新行为主义的学习理论。新行为主义者在学习理论上是以联结主义的原理来阐明学习的。他们认为学习是通过刺激—反应—强化而形成的一种操作性行为。斯金纳根据操作性条件反射的实验提出：任何复杂的行为都可以用一种逐步接近、累积的方法由简单行为联系而成。据此，他建立了程序教学模式。

2. 教学目标

教学目标在于教给学生某种具体的技能、观念或其他内部或外部的行为方式，如掌握某些智力技能或行为技能等。学生从程序教学中获得的知识和技能多是现成的，而非创造性的。

3. 操作程序

程序教学将学习内容划分为一个个具有连续性的小项目。在学习中，每呈现一个项目的学习内容都要求学生采用填充或书写答案的方式作出回答。学生如果回答错误，教学机器上立即呈现正确答案及时纠正错误，然后再进入下一步学习。这叫作直接式程序学习。

4. 实现条件

程序教学的关键是对于学习效果的即时反馈并强化，但是大量的、及时的、渐进性的强化在课堂教学中难以实现，于是斯金纳主张使用“教学机器”和编制“程序教材”。“教学机器”是斯金纳在改编美国心理学家普莱西的第一台教学机器的基础上设计的，可以为学生的学习提供大量的知识并及时强化。“程序教材”是根据教学目标和内容，通过对材料进行选择、组织、设计、呈示、解释等编序过程而制成的。

## 二、水平性分类

我国吴也显教授从教师和学生之间的关系这一维度将教学模式分为三类：第一类是最低一级水平的教学模式，在这类教学模式中，师生之间是单向反馈的关系，表现为记忆水平的教学；第二类是第二级水平的教学模式，师生之间是一种双向反馈的关系，表现为理解水平的教学，如传递-接受教学模式；第三类是第三级水平的教学模式，不仅在教师和学生之间、学生和学生之间形成了多向反馈的关系，还表现为一种思考水平的教学，典型教学模式包括传递-接受、自学-指导、目标-导控、引导-发现、情境-陶冶等模式。

**(一)传递-接受教学模式**

1. 理论依据

传递-接受教学模式的理论依据是辩证唯物主义的认识论和有关的心理学、教育学基础理论。它把教学看作学生在教师指导下的一种对客观世界的认识活动,这个认识活动包括掌握系统的基础知识和基本技巧,发展认识能力,形成良好的学习习惯和思想道德品质。

2. 教学目标

传递-接受教学模式的教学目标是通过教师在课堂上对教学内容进行深入分析和系统讲授,向学生传递前人积累的文化知识技能及经验,让学生掌握基本知识和基本技能(“双基”),发展学生的认知结构。

3. 操作程序

这一模式的操作程序是按学生认识活动的规律来加以规划的,其基本程序是:激发学习动机—复习旧课—讲授新知识—巩固运用—检查评价。通过教师传授使学生对所学习的内容由感知到理解,进而达到领会,然后再组织学生练习、巩固所学的内容,最后检查学生学习效果,并将其作为教师进一步教学的依据。

4. 实现条件

传递-接受教学模式特别强调教师在教学中的作用,认为“教师是教育过程中的中心人物,在教育和培养学生的事业中具有决定性意义”。为了确保教师较好地发挥主导作用,教师在教学过程中必须围绕“三中心”进行教学,即以教师为中心,以课堂为中心,以教材为中心。

**(二)自学-指导教学模式**

自学-指导教学模式是指教学活动以学生的自学为主,教师的指导贯穿于学生自学始终的教学模式。属于这一类的教学模式较多,如卢仲衡主持的“中学数学自学辅导实验”、上海育才中学的“读读、议议、练练、讲讲”八字教学模式、魏书生的中学语文教学“六步法”模式、黎世法的“六课单元教学实验”、钱梦龙的“三主四式语文导读法”等。

1. 理论依据

①教为主导、学为主体的辩证统一的教学观。②独立性与依赖性相统一的学生心理发展观。③“学会学习”的学习观。

2. 教学目标

培养学生强烈的自学兴趣和良好的学习态度,让学生主动参与学习,独立地掌握系统的知识。培养学生掌握自学的方法,形成良好的自学习惯和一定的自学能力,包括独立获取知识的能力、系统整理知识的能力、科学运用知识的能力等。

3. 操作程序

①提出要求。根据教学需要,教师对自学的范围、重点和要解决的问题提出要求,让学生进行有目的的学习。②开展自学。根据要求,学生自学,教师巡视,了解自学情况,及时解

决学生的个别问题。③讨论启发。对学生提出具有代表性的问题，教师汇总后再集体讨论。④练习运用。疑难解决后，教师布置练习，使学生所获新知在运用中得以检验、巩固。⑤及时评价。教师对练习结果及时评价并根据反馈信息采取巩固性或补充性教学，以确保学生牢固掌握知识。⑥系统小结。教师让学生将所学知识系统化、概括化，并联系原有知识，从整体上理解所学内容。

4. 实现条件

在这一模式中，教师的职责由系统讲授变为定向指导、启发，其主导作用并未削弱，相反，要求更高了。运用该模式，教师要有正确的教学指导思想，充分相信学生能自学，积极指导学生自学；教师一般要设计出要求明确的自学提纲，提出必要的自学材料、参考书、学习辅助工具；教师要保证学生的自学时间，同时也要有一套指导学生自学的方法。

**(三)目标-导控教学模式**

目标-导控教学模式是指以明确的教学目标为导向，以教学评价为动力，以矫正、强化为活动中心，让绝大多数学生掌握教学内容的一种教学模式。全国各地自 20 世纪 80 年代中期以来所进行的目标教学、单元达标教学均属于此类教学模式。

1. 理论依据

这一教学模式的主要根据是布卢姆的掌握学习理论、教育目标分类学和形成性评价理论以及控制论原理。这一教学模式认为，学习过程是学习水平由低到高逐步递进的。每一较高水平的学习都根植于较低水平的学习上，因而要设计出由低到高的高序列化目标，通过评价学生对目标的达成度，教师和学生的学习条件和学习时间，发挥学生的潜力。该模式体现了新的学生观，即只要有适合学生特点的学习条件，几乎所有的学生都能学好。在“所有学生都能学好”的思想指导下，以集体教学为基础，辅之以经常、及时的反馈，为学生提供所需的个别化帮助以及所需的额外学习时间，从而使大多数学生达到课程目标所规定的掌握标准。

2. 教学目标

布卢姆将教育目标分为认知、情感、动作技能三个领域。他又将认知领域的教育目标分为知识、领会、运用、分析、综合、评价六大类以及十七个小类，并认为教育目标都具有外显行为等特点，且都是可以测定的。根据大纲划分单元，制定单元教学目标并按单元目标组织教学，借助评价、反馈、强化和矫正等活动，保证绝大多数学生达到教学目标，为后续学习提供基础。

3. 操作程序

①前提诊断。对将要学习的单元教学内容所涉及的基础知识，由教师组织学生进行简短的检查、提示、复习或回顾，为学生学习新知识做好铺垫。②明确目标。教师展示目标，让学生对新知识应达到的水平和掌握的范围有所了解。③达标教学。通过讲授、提问、练习或自学等形式紧扣目标进行教学，力求让尽量多的学生掌握教学内容。④达标评价。评价通常不计分，答案由教师提供。方式可以是教师对学生的评价、学生自评或互评。⑤强化补

救。根据评价反馈的信息，采取强化或补救性教学。

4. 实现条件

在这一模式中，教师是目标的提供者和学生达标的组织者。教师应对所教学科的目标有科学的理解，特别是要在教学大纲的背景中体会单元目标。为此，教师要安排好单元教学内容，分析各单元中的每个知识点，并用目标去准确界定。另外，教师必须热爱和相信学生，师生双方对"掌握学习"都要抱有信心，教师应不囿于传统教学，不按传统正态分布曲线来评定学生，应该相信所有学生都能学好。

**(四)引导-发现教学模式**

这一教学模式又叫问题-探究教学模式，是指教学活动以解决问题为中心，学生在教师指导下发现问题、提出问题并通过自己活动找到答案的一种教学模式。它主要是根据杜威、皮亚杰、布鲁纳等人先后倡导的"问题—假设—推理—验证"等程序，结合我国广大教学工作者的实践而建立起来的。这一模式多见于数理学科的教学，如湖北王辅湘的小学数学引导发现法模式、武汉邓国材的"启发探索式"模式等均属此类。

1. 理论依据

这种模式的理论基础是杜威的五步教学法、皮亚杰的自我发现法和活动教学法、布鲁纳的发现法等教学原理。这些教学原理认为教学过程是学生参与活动的过程，学生的学习是对现有经验的不断改造，因此，教学不应该是讲和，而必须通过亲身活动去感受、发现和升华。这一模式是根据他们的教学理论并结合我国的教学实际加以改造而形成的新的方法论体系。

2. 教学目标

引导学生手脑并用，运用创造性思维去获得亲身实证的知识，培养学生发现问题、分析问题和解决问题的能力，让学生养成探究的态度和习惯，逐步拥有探究的技巧。

3. 操作程序

①提出问题。提出问题常见的方式有：教师根据教学要求或学生感兴趣的问题设置一定的问题情境，促使学生提出问题。对于学生提出的问题，教师应对其进行适当的加工，使其具有适宜的难度和趣味。②建立假说。针对问题，提出解决问题的可能性假设。③拟订计划。针对假说，提出解决问题的计划。计划内容主要包括采用何种探究方式、组织形式以及何时完成等。计划一般让学生提出，教师与学生协商后再拟定。④验证假说。按照计划对学生提出的假说进行验证。资料式的验证主要是通过学生搜集、整理有关假说的材料，经分析、概括，最后得出结论。⑤交流提高。教师引导学生对验证的结果开展相互交流，总结出准确的结论，并通过练习使结论在头脑中得以强化。

4. 实现条件

在这一模式中，教师是引导者和顾问。一方面，教师必须精通整个"问题"体系；另一方面，教师还要容忍学生出错，鼓励学生大胆质疑，不宜过早地评判学生的行为。为了学生能够省时、有针对性地解决问题，教师常用简明、系统的"问题"形式反映教学内容。另外，教师应根据教学要求，为学生提供探究所需要的材料和场所。

**(五)情境-陶冶教学模式**

该教学模式又称情-知互促模式，是指在教学活动中，创设一种情感和认知相互促进的教学环境，让学生在轻松愉快的教学气氛中有效地获得知识的同时陶冶情感的一种教学模式。该教学模式的有关实验有“情境教学”“愉快教育”“成功教育”“快乐教学”“情知教学”等。

1. 理论依据

①情知教学论。情知教学论认为教学过程是情意过程和认知过程的统一。情意系统起动力作用，启动、定向、维持和调节学生的学习行为；认知系统则承担对知识的吸收、贮存和转化的任务。两种系统同步、协调发展，相互促进，就能取得最好的教学效果。②现代心理学理论以及以此为基础的暗示教学法。现代心理学理论表明，人的认识是有意识和无意识的心理活动的统一，是理智活动和情感活动的统一。

2. 教学目标

通过情感和认知的多次交互作用，学生的情感得以不断陶冶、升华，个性得到健康发展，同时又学到科学的知识，达到真正的情知交融。

3. 操作程序

根据情感和认知相互作用的原理以及一些教师的经验，其基本操作程序可归纳为：①创设情境。根据教学目标，教师要围绕教学内容，通过语言描绘、实物演示、幻灯或绘画再现、音乐渲染等手段，为学生创设一个富有情感、富有美感、生动形象、蕴涵哲理的特定氛围，以调动学生的学习情绪。②情境体验。通过各种游戏、表演、唱歌、听音乐、谈话、操作等活动，使学生在特定的气氛中主动积极地从事各项智力活动，潜移默化地进行学习。在活动中做到以情启思，以思促情。③总结转化。通过教师的启发总结，学生从情境中获得科学知识，领悟学习内容主题的情感基调，做到情与理的统一，并使这些认识、经验转化为指导自身思想行为的准则，达到知情并进、情知双获。

4. 实现条件

在该教学模式中，教师是学生情感的激发者和维持者。因此，教师应具备多种能力，如表演、语言表达能力。教师还要根据教学要求，提供必备的专门设备，如音乐教材、教具或教学场所等，并把它们组织运用好。另外，教师自己也要进入角色，并充分利用教学机制使学生同自己的情感发展同步，使情境更加入情入理，达到引发学生情感和提升学生认知的作用。

## 三、“两极系列分割法”分类

王策三在《教学论稿》中把教学模式分成三大类，具体如下。

第一类是“师生系统地传授和学习书本知识”。这类教学模式经历了一个历史发展的过程。换句话说，不同的历史时期，这一类教学模式有着不同的表现。近代以前的典型形式是讲、听、读、记(记录、记忆)、练。近代起始，以夸美纽斯为代表，把观察引进教学过程，其一般形式为观察、记忆、理解、练习。之后苏联教育学根据马克思主义认识论原理，提出“激发动机—领会知识—巩固知识—运用知识—检查”模式。

第二类是“教师辅导学生从活动中自己学习”，这是对前一类教学模式的否定，发端于杜威的“从做中学”的原则。后来的设计教学法、德可乐利教学法、道尔顿制都属于这种类型。

第三类是“折中于两者之间的教学模式”，依照王策三的看法，“这是近年来才发展起来的，是想对以上两种类型的模式取长补短”。这类教学模式既重视系统知识，又重视学生个性和智能的发展，最典型的是美国布鲁纳的主张，即教材结构化和发现学习。此外，范例教学和暗示教学也可归入这一类型。

“两极系列分割法”首先确立两种可比的、极端对立的教学模式，再对中间各模式进行量的分割。这种方法的优点是易于抓住各教学模式的实质，理解各模式间的相互关系。但是，这种方法也有一些缺点。首先是“维度”的单一性，不利于全面认识各种模式。两极系列分割易犯简单化毛病，似乎两端都是不好的，唯有折中的模式才是好模式。其次，把 20 世纪 50 年代以来发展起来的现代教学模式统称为折中模式不够准确。事实上，布鲁纳等人的教学模式有其自身的哲学和心理学基础，它们是特定时代、特定思想的产物，并不是由先前的模式推论而来的。

## 第三节　以学生为中心的典型教学模式

随着教学模式的不断发展，以学生为中心逐渐成为教学模式的重要特点，以此发展出以 BOPPPS、对分课堂、翻转课堂为代表的典型教学模式，这些教学模式对于当下高校教师教学来说更为适用，下面对上述典型教学模式进行介绍。

### 一、BOPPPS 教学模式

#### （一）定义

BOPPPS 是加拿大教师技能培训工作坊（Instructional Skills Workshop，ISW）微课演练环节所采用的教学设计模式，是北美国家诸多名校比较推崇的一种教学过程模型。BOPPPS 教学模式是主要以建构主义为理论依据，注重学生深度参与，以参与式学习活动（participatory learning activities）为主，“有效果”“有效率”“有效益”地促进学生积极参与课堂学习的教学模式。该教学模式具体将教学过程分为六个阶段（也称为六要素），即 BOPPPS 六个英文字母相对应的外文词汇及含义：B—Bridge-in（引入/暖身/导言）；O—Objective or Outcomes（学习目标或结果）；P—Pre-assessment（课前摸底/前测）；P—Participatory Learning（参与式学习）；P—Post-assessment（后测）；S—Summary（总结）。

目前，国内已经开始在实际教学中引入 BOPPPS 教学模式，并将其更多地运用在与实际课程相结合的经验总结上。

#### （二）BOPPPS 教学模式六要素

1. B—Bridge-in（引入/热身/导言）

Bridge-in 常常被称为“钩子”（Hook），目的是吸引学生的注意力，帮助学生专注于即将要介绍的内容。有效的导言往往寓教于乐，让教学内容对学生产生积极作用，以此来增强学生的学习动机，尤其是在学习热情不高的课堂上，导言尤其重要。导言通常很短，可采用的方式有：提供学习此课程的理由、重要性或共通性；叙述主题相关的故事或个人经验；提出和教学主题相关的问题引导学生进入课堂；提供一个吸引人的引言或不寻常的事实；将接下来的内容与已经学过或未来要学的内容相连结。例如，主题为"航海基础知识：打绳结"，其导言可设计为"会不会打绳结决定你隔天醒来是不是能找到你的船，没学好的话，就有得找了！"等。

2. O—Objective or Outcomes(学习目标/学习结果)

根据布鲁姆学习目标分类，学习目标可概略为认知、情感和技能三个方面。认知的内涵有要素、理论、观念，情感则包含态度、价值、信念、情绪，技能则为技巧与表现。教师应明确表达教学目标，如课程的重点知识、学习价值以及可习得的能力，让学生明确掌握学习的方向。学习目标的叙述要具体明确，而且是可观察或可衡量的。通常情况下，学习目标的句子包含四要素：谁(who)、将学到什么(will do what)、在什么情况下(under what condition)以及学得如何(how well)。例如，"在课堂结束的口头测试中，学生能正确说出至少六种全球化对中国政治、经济、社会生活的影响(每方面各两点)"。

3. P—Pre-assessment(课前摸底/前测)

课前摸底/前测能帮助教师了解学生已知内容与兴趣，以便指导教学，调整内容深度和进度。学生可通过前测聚焦于特定目的，也可向教师表达复习或其他需求。实施"前测"的策略可以是正式考试、作业，也可以是非正式提问，如开放式问题、小测试、头脑风暴、集体讨论等。开放式问题因为无法用简单二分法回答，是较好的前测方法。

4. P—Participatory Learning(参与式学习)

参与式学习(Participatory Learning)是一种体验式学习方式，强调以人为本、学生积极参与、尊重学生学习主体性等教育观念。课堂参与有师生互动和生生互动两种类型。学习是一个主动的过程，唯有主动投入到学习内容或任务中，学生才可能体验到深入的学习，学习的效果才能持久。在参与式学习阶段，教师要采用积极的策略使学生深度参与到课堂中，并实现教学目标。可采用的策略有：让学生分组讨论某一相关问题；在讲课中稍作停顿，让学生反思；鼓励学生提出问题或者设计模拟情境，将课堂参与者都拉入互动的情境中。

5. P—Post-assessment(后测)

后测主要是了解学生的学习成效，即是否实现了教学目标。针对不同的课程内容可以采用不同的评量方式。例如：知识理解型的课程，可采用选择题或简答题；应用分析型的课程，则可请学生练习分析特定情境；技能传授的课程，可采用检核表，或请学生简单地展示所学；态度价值型的课程内容，则可请学生填写态度量表或撰写心得、短文、日志、札记。

6. S—Summary(总结)

教师应带领学生总结课程内容、整合学习要点以及预告下堂课的内容。教师可以直接用讲授的方式做课程内容复习，或是通过反馈意见进行。此外，适当表扬学生的努力和学习成果也是常见的课程总结方式。总结也给教师和学生提供了一个共同反思的机会，学生反思自己学到了什么，教师反思本次授课存在的问题。

**(三)BOPPPS教学模式的特征**

BOPPPS教学模式有三个关键的特征：一是强调和关注明确并可检测的学习目标；二是强调参与式学习，注重学生积极参与教学过程；三是强调教学流程符合课堂上学生注意力曲线。具体如下。

1. 制定明确并可检测的学习目标

学习目标是课程设计的出发点。学习目标要清晰、明确地阐述学生认知、情感、技能各方面应当发生的变化，并可检测。根据学习目标，教师确定将采取的教学步骤、教学环节以及每个步骤和环节将采取的教学活动，进而有条理地去完成教学计划或任务，并规划评价与测试的方式。同时，学习目标也要明确地阐述学生要达到的学习要求或水平，为教师提供测试学生的学习成果和目标达成情况的标准和依据。在制定目标时，还要考虑到是否能对该目标做出客观的评价。只有具体的、外显的行为目标，才是可测量的。布鲁姆认为，目标分类本身并不是目的，而是为评价教学结果提供测量的手段，同时有助于对教学过程和学生的变化做出各种假设，激发对教育问题的思考。

2. 注重参与式学习

BOPPPS教学模式的教学活动组织方法更加强调参与式学习。根据美国教育学家埃德加·戴尔的学习金字塔理论可知，不同的课堂组织方法使学生所达到的学习效果也不相同。具体如下：用耳朵听讲授，知识保留5%；用眼去阅读，知识保留10%；视听结合，知识保留20%；用演示的办法，知识保留30%；分组讨论法，知识保留50%；练习操作实践，知识保留75%；向别人讲授(相互教)，快速使用，知识保留90%。传统课堂上以教师教授为主，学生处于被动学习状态；而在BOPPPS教学模式中，以学生为中心，教师作为引导者，设计各种活动将学生“带入”课堂，如图1-1所示。

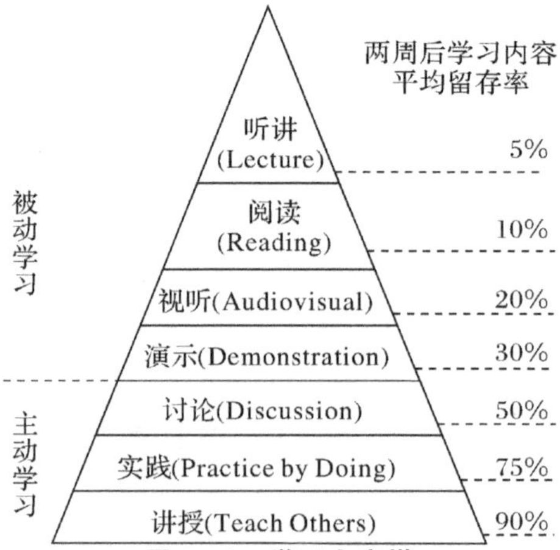


**图1-1 学习金字塔**

3. 将课堂教学操作流程与学生课堂注意力曲线相结合

BOPPPS 教学模式注重“人的注意力大约只能持续维持 15 分钟”的自然规律，将课堂教学内容划分为 15 分钟左右的多个教学小单元，将多个教学小单元“起承转合”地连接，同时将所有小单元组合而成的一堂课程亦以“起承转合”的脉络连接。课堂教学操作流程的差异主要体现在具体教学活动中组织方式的差异。在传统课堂教学流程中也会出现类似 BOPPPS 教学模式的教学组织形式，例如，“回顾导入—教学目标—课前提问—讲授—课堂练习—总结”环节。根据教学曲线调查研究，45 分钟的课堂教学，开始上课时段和快下课时段是学生课堂注意力集中的两个高峰时段，在课堂中段时间，学生的注意力开始分散。在传统课堂教学组织流程中，教师恰恰是在课堂中段时间的专注力最高，这时也是其讲课最精彩的时候，这与教学曲线理论相违背，容易导致无效教学，如图 1 - 2 所示。

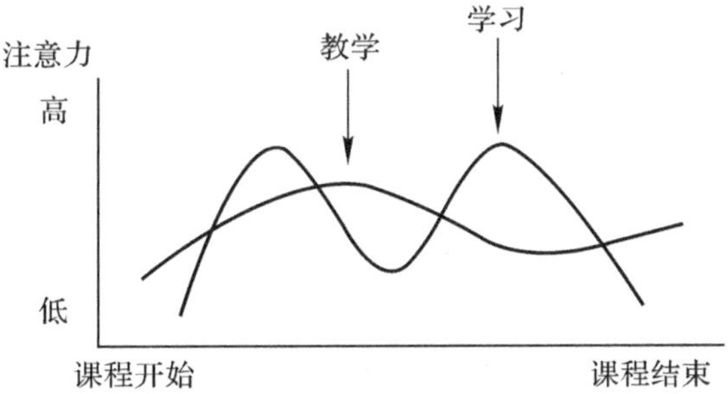


**图 1 - 2 师生课堂注意力曲线**

BOPPPS 教学模式强调学生注意力开始分散时及时将他们引入课堂参与式教学。台湾大学知名教育培训专家、哈佛大学教育学博士王秀槐教授认为“采凤头策略吸引人；采猪肚策略，让学生参与；采豹尾策略有力的收尾”。也就是说，在 BOPPPS 的几个模块中：“凤头”为 B—Bridge in(引入/热身/导言)，O—Objective or Outcomes(学习目标/学习结果)，P—Pre-assessment(课前摸底/前测)；“猪肚”为 P—Participatory Learning(参与式学习)；“豹尾”为 P—Post-asessment(后测)，S—Summary(总结)。使用 BOPPPS 教学模式，便于将教学时间做计划性的分割利用，在教学过程中，充分建立教学目标、教学行为、学习活动与教学评量的良好循环。由此，BOPPPS 教学模式的课堂操作流程不仅能够唤回学生的课堂注意力，激起学生课堂合作学习的热情，还能够促进师生之间的信息交流，这是实现教学反馈的关键环节。BOPPPS 教学模式设计要素含义及策略如表 1 - 1 所示。

**表 1 - 1 BOPPPS 教学模式设计要素含义及策略**

| 序号 | 要素 | 任务 | 策略 |
|---|---|---|---|
| 1 | 引入/热身/导言<br>Bridge in | 引入本次课的教学内容，吸引学生注意，激发学生兴趣 | 提供学习课程的理由、重要性和共通性；叙述与课程相关的故事，或者教师个人经验；提出与教学主题相关的问题；提供吸引人的引言或不寻常的事实 |

**续 表**

| 序　号 | 要　素 | 任　务 | 策　略 |
|---|---|---|---|
| 2 | 学习目标/学习结果<br>Objective or Outcomes | 明确本次课的教学目标 | 学习目标的句子包含:谁(who);将做/完成什么(will do what);在什么情况下(under what condition);学得如何(how well) |
| 3 | 课前摸底/前测<br>Pre-assessment | 了解学生知识基础及兴趣 | 开放式问答;头脑风暴;请学生课前尝试做出教学内容,包含做出特定动作技能、写出专有名词或公式;收集全班对于课堂主题的知识 |
| 4 | 参与式学习<br>Participatory Learning | 让学生参与课堂活动,主动学习 | 针对某特定问题或课堂内容进行小组讨论;学生针对课堂重点主题进行批判性讨论;思考一分组一分享(think-pair-share);个人或团体的作业或报告;学生共同处理一个问题,彼此互评;角色扮演、个案讨论、情景模拟、实际操作、开展辩论 |
| 5 | 后测<br>Post-assessment | 检测本次课学生所学及教学目标达成情况 | 基础知识与思维(知识理解型):选择题、是非题、配对题、填空题、简答题<br>高阶思维(应用分析评价创造):练习分析特定情境<br>技能传授:检核表,或请学生简单地展示所学<br>态度价值型:填写态度量表或撰写心得、短文、日志、札记 |
| 6 | 总结<br>Summary | 总结课程内容、整合学习要点以及预告下堂课的内容 | 内容回顾(教师或学生简短复述重点大意);小组经验(让学生彼此交流小组讨论的过程);回馈(一分钟报告、聚焦清单);表扬成果(肯定学生的努力与成果);应用(今后如何使用所学,创建个人行动计划) |

注:本表参考哥伦比亚大学(University of British Columbia)对 BOPPPS 教学模式的介绍。

BOPPPS 教学模式教案格式设计如表 1－2 所示。

**表 1-2　BOPPPS 教学模式教案格式设计**

<table>
<tr><td colspan="3">课程名称：<br>单元标题：</td><td colspan="2">时间：<br>教师：</td></tr>
<tr><td rowspan="3">开始</td><td colspan="4">引入/热身/导言：<br>（解释本堂课对学生的价值，激发学生学习热情）</td></tr>
<tr><td colspan="4">学习目标/学习结果：<br>（学生必须做到什么，在什么情况下达成目标，要达到什么样的程度）</td></tr>
<tr><td colspan="2">课前摸底/前测：<br>（确认学生背景知识，以及学生是否能达到所设定的目标）</td><td colspan="2">教材：<br>（操作课程所需要的设备）</td></tr>
<tr><td rowspan="3">主体</td><td colspan="4">参与式学习</td></tr>
<tr><td>时间</td><td>教学活动</td><td>学生活动</td><td>教学资源</td></tr>
<tr><td>（所需时间）</td><td>（教师如何引导学习）</td><td>（学生如何进行主动学习）</td><td>（需要使用的教材与设备）</td></tr>
<tr><td rowspan="2">结尾</td><td colspan="4">后测：<br>（判断学生是否可以习得学习目标中所描述的能力）</td></tr>
<tr><td colspan="4">总结：<br>（处理与评估课堂教授内容以及教师与学生互动的情况）</td></tr>
</table>

## 二、对分课堂教学模式

### （一）定义

为了应对当今教育教学改革的根本挑战——如何突破灌输色彩浓厚的传统讲授法，对分课堂教学模式应运而生，它是由普林斯顿大学博士、复旦大学心理学教授张学新提出。对分课堂教学模式在形式上把课堂时间一分为二，一半留给教师讲授，一半留给学生进行讨论，实质上在讲授和讨论之间引入了一个心理学的内化环节，让学生对讲授内容进行吸收之后，有准备地参与讨论，通过对讲授与讨论的有机整合，实现了“教法”与“学法”的对立统一。对分课堂教学模式重新定义课堂，重塑师生关系，构建了一种全新的教学模式，从如何教到如何学，从作业布置、课堂管理和效果评价到传统教学，都有根本性变革。它既非纯粹“以教师为中心”，也非纯粹“以学生为中心”，而是整合两大理念，打造符合中国教育现实的课堂。

### （二）操作流程

对分课堂教学模式根据授课内容和课堂时间，可以灵活选择“大步走”或“小步走”多种节奏。具体为“隔堂讨论”和“当堂对分”。

“隔堂讨论”是“大步走”节奏，即本次课前一部分时间用于讨论上堂课教师讲授的内容，后一部分时间用于讲授下一次课讨论的内容。隔堂讨论的三个阶段可以更细地分为五个环节，分别为讲授、独立思考、独立做作业、小组讨论和全班交流。

"当堂对分"是"小步走"节奏，即在一堂课或一次课上完整实施五个环节。例如在一节45分钟的课上，教师先讲授25分钟，然后给出相关的思考题或习题。学生彼此不交流，进行5分钟的独立学习和独立思考，写出自己的答案，然后小组讨论8分钟，全班交流7分钟。

五个环节中的讲授指教师的精讲，是在相对宏观的层面上，告诉学生学什么、为何学和如何学。学什么，指的是框架、重点、难点，可以比喻为骨架、脉络与关节。讲授的核心目标是促进学生随后的学习，这是教师为学生学习的引导者和促进者理念的集中体现。

课后（或当堂）内化指课后（或当堂）给予学生一定时间阅读教材、完成作业，根据个人的兴趣、能力、需求，以最适宜自己的方式方法，深入理解，进行个性化的内化、吸收。内化、吸收要求独立完成，不能与同学或教师讨论交流。

作业是连接讲授与讨论的核心环节，作业的布置十分关键。当堂对分，布置的作业可以相对简单，称为"微作业"。作业的目的是引导、督促课后复习，保证理解基本内容，为深入、有意义的小组交流、讨论做铺垫和准备。除了传统形式的作业外，对分课堂的作业还包括一个新的部分，称为"亮考帮"。学生在听课、读书、完成常规作业后，要总结出学习过程中自己感受最深、受益最大、最欣赏的内容，称为"亮闪闪"。要把自己弄懂了，但是觉得别人可能存在困惑的地方，用问题的形式表述出来，用来挑战别人，称为"考考你"。要把自己不懂、不会的地方或想要了解的内容，用问题的形式表述出来，在讨论时求助同学，称为"帮帮我"。

讨论和交流可以细分为四个环节，即小组讨论、教师抽查、自由提问、教师总结，进行这四个环节的次序很重要，不能变动。后三个环节总和称为全班交流。小组讨论通常4～6人一组，时间为5～30分钟。要求学生围绕作业（特别是亮考帮），针对各自的收获、困惑、疑难，互相切磋学习，共同解决问题。在进行小组讨论时，教师巡回督促所有学生认真参与，但不要过多涉入。小组讨论后，教师组织全班讨论。教师首先抽查，随机抽点3～4个小组，每组再随机抽一个学生，分享小组讨论的精华或提出尚未解决的问题。然后，教师邀请全班自由发言，无论个人还是小组，有遗留问题的，都可以提出来，教师给予解答。最后，教师用几分钟做简单总结，把学生遗漏的、需要深化和提升的部分讲一下，结束整个过程。

**（三）理论基础**

对分课堂的核心目的是让学习有效发生，其教学理论的基础在于心理学的学习理论。其主要依据的四个学习理论分别是行为主义、认知主义、建构主义和人本主义。这几个学习理论是非常经典的，这里简要介绍对分课堂教学模式依据的教学理论，分别是发展性教学理论、结构主义教学理论和范例教学理论。

*1. 发展性教学理论*

发展性教学理论是赞可夫经过20年的持续研究于1975年总结形成的，其核心思想是促进学生的一般发展，即不仅包括智力，而且包括情感、意志品质、性格等。在学习内容上，赞可夫强调超越掌握知识，充分发展能力。在教师角色上，赞可夫主张教师应该积极主动地促进学生的发展，走在学生的前面引导其发展。通过长期广泛的教学实验，赞可夫提出了五条教学原则，具体如下。

(1)以高难度进行教学。教学要有一定的难度,稍高于学生的现有水平,带有一定的挑战性,要能够激发学生应对挑战的动力,使学生体会到克服困难后的满足和喜悦,时时感到在学习新东西,满足学生的求知欲。另外,高难度不是越难越好,要注意掌握尺度。

(2)以高速度进行教学。教学进度太慢,大量、单调地重复讲授和练习,会阻碍学生发展,要加快教学速度,扩充知识广度,从广度中求深度。速度也不是越快越好,教师必须确定学生已经真正理解后,才可以继续新的引导。

(3)理论知识起指导作用。不能低估学生理解和掌握抽象概念的能力。理论学习能使知识结构化、整体化,能使学生理解事物内在联系、把握一般规律、实现知识迁移,并调动其思维积极性。

(4)使学生理解学习过程。学生不仅要理解知识本身,也要理解知识是怎样学到的。要理解知识的网络关系,寻找掌握知识的途径,反思产生错误的原因,学会更正错误的方法,学会学习。

(5)使全体学生都得到发展。在班级中学生有好、中、差三种类型。赞可夫认为,差生发展水平低,学习兴趣和信心弱,思维能力差。给差生补课,让他们反复进行机械的练习,只能进一步削弱其学习兴趣和自信。教师在教学中要采用多种方法和手段,面向全体学生,特别要促进差生的发展。

此外,赞可夫的高难度、高速度原则,可以归结为一个挑战性原则,即学习的内容和进度要让学生觉得有一定的挑战性。

2.结构主义教学理论

结构主义教学理论集中反映在美国心理学家布鲁纳于1959年完成的《教育过程》一书中。

在这部划时代的著作中,布鲁纳阐明了结构主义教学理论的实质,认为学习是建立认知结构(即掌握学科的基本结构以及进行学科研究)的基本态度和方法。布鲁纳认为,掌握学科结构的最好方法是发现法。因此,结构主义教学理论也被称为发现式教学理论。

发现教学法也叫探究法或假设法,按照这种方法,教师不是将学习的内容直接提供给学生,而是向学生提供一种问题情境,让学生积极思考,进而自觉、主动地探索科学知识和解决问题的方法及步骤,通过探究,发现起因、联系和规律,形成自己的概念。

在更细节的层面,发现教学法认为直觉思维是发现的前奏,探索中的错误也能促进学习,要充分利用错误来促进学习。这可以提炼为直觉思维原则和利用错误原则。

3.范例教学理论

范例教学理论于20世纪50年代在德国兴起。当时,德国为适应社会发展,不断补充、增加教材内容,然而大量灌输压抑了学生学习的主动性和创造性。1950年,瓦根舍因在物理和数学教学中提出了“范例教学原理”,这是最早的范例教学理论。1957—1958年,克拉夫基等人出版了关于范例教学理论的本质及其教学意义的理论著作。

范例教学提倡精简教材,从日常生活和教材中选择典型案例展开教学,提高教学效率,培养学生的自学能力。范例是指典型事例。范例教学理论主张重构教学内容，选择学科中最典型的材料，汇集、交融各科知识，学生通过对典型材料的探究、思考，形成整体的认识结构，从而达到把握其他各种材料的目的。通过个别范例来掌握一般的原理和方法，使学生从个别到一般，举一反三，理解普遍性的规律性知识，培养学生独立的判断能力和创造能力。

范例教学往往打破学科体系，用课题来代替传统的教材。一首诗、一个化学实验都可能构成一个课题。

范例教学理论最基本的三条原则是基本性、基础性和范例性。基本性原则强调教学内容应选择一门学科最基本的知识，如基本概念、基本原理、基本规律等，来反映学科的基本结构。基础性原则指教学要从学生基础出发，适应学生的知识水平和智力发展水平。基础性原则实质上强调的是教学内容切合学生的实际水平，也就是水平适宜原则。范例性原则指教给学生的知识必须是精选的，能起范例作用的，有助于学生迁移和应用。范例教学理论希望学生举一反三，遵循的是从个别再到普遍规律的认识程序，属于归纳逻辑的范畴。

从中文名称看，范例（exemplar）教学容易与案例（case）教学混淆。范例教学针对的是基础课程的教学，强调基础性，范例可大可小；而案例教学更多针对学生学完基础课程后即将进入工作岗位时要学习的高级课程，案例需要来自真实情景，具有一定复杂性，也不一定需要有确定的解决方案。

**(四)特色优势**

1.对分课堂教学模式的脑科学基础

大脑构成的基本组成单位是神经元，这是大脑的最小组成部分，基本是用进废退的。有研究表明，大脑的视觉神经元数量大约是听觉神经元数量的九倍，当教师在讲授时，学生大脑大量神经元处于休息状态，造成脑资源的大量浪费，所以通过聆听接收的信息非常有限。因此，教师需要在课堂上给学生留思考和讨论的时间与空间，使学生大脑神经元活跃数量增加，从而高效率利用大脑。

2.对分课堂教学模式能够调和目前课堂教学的多种矛盾

对分课堂教学模式能调和师生角色矛盾。所谓“金课”，即优秀的内容加先进的教学方法，目的在于培养学生高水平思维与能力。在基础教育方面，在提倡素质教育和推行新课程改革的进程中，中小学教师在近几十年进行了大量的教学尝试，探索出了如自主课堂、高效课堂等教学模式。然而，引起关注的只是少数学校，在没有受到关注的大多数学校里，实际上还是传统的灌输式讲授法。虽然很多教师在课堂上不会一讲到底，会精讲多练、讲练结合，但是这个练的过程依然是在教师限定的框架内进行的，没有改变学生被动学习的本质。在传统以讲授式为主的课堂里，教师是具有权威的主角。传统的优秀课堂常会给人这样的感觉：教师用渊博的知识储备征服学生，用自己强大的人格魅力征服学生，用自己优秀的讲功征服学生；而学生具体的表现是频频点头，称赞教师讲得好。事实上，教师侃侃而谈背后体现的是对学生的控制和对学生话语权的侵犯。真正好的教学不应该是学生被征服，而应该是学生去征服知识，在征服知识的基础上取得思维与能力水平的提高。在对分课堂教学模式中，教师不再是永恒的教学主角，而是分时段与学生分别担任主角。教师在导读式精讲环节中主宰课堂，学生在独学和讨论环节主宰课堂时间，进行尽己之力的学习。

另外，与传统教师讲授模式相反，目前让学生主宰课堂的改革模式有过分扩大学生主宰作用而太过弱化教师引导作用的嫌疑。这些让学生主宰课堂的模式在具体教学实践中确实有少量有示范作用、有成效的案例，但不适合常态性教学。就高等教育来看，有深入课堂的教学督导反映过这样一个例子：在一节学生主宰的课堂上，一位学生在讲台上讲自己准备的内容，下面除了任课教师抬头在认真听，其他学生都低头不听不语。课堂从教师的独角戏演变成了某个学生的独角戏，根本无法整体提升学生的思维和能力。学生受自身知识储备和能力水平的影响，常态下还不能发挥好课堂的主宰作用，需要教师对其进行关于学习内容的解释和引导。对分课堂教学模式就是教师讲授占用一部分课堂时间，学生讨论占用一部分时间。而这里的讲授要精讲，但不是具体内容的精致灌输，而是导读式的讲解；学生讨论应当让学生准备充分之后再讨论，即先独学，完成知识内化，然后在讨论时才能言之有物，并在讨论的过程较好地完成知识的迁移。

调和学情差异矛盾。这里有三层含义：一是尊重学生的个体差异，允许学生根据自己的具体情况选择自己的学习深度和程度，教师也接受学生的现状，不做强求；二是在课堂中体现个性化学习，促进学生个性化发展；三是让学生在与同伴的讨论、交流中发生观点交锋与思想碰撞，在表扬、批评和关注别人的同时发生知识迁移，获得思维和能力的提升。

3. 对分课堂教学模式的优点和特色

(1)简明易懂、流程清晰、好学易用、即学即用，不需花钱买设备。不同类型学校的教师均可使用，理工、人文一样用，大班、小班一样用，大学、中学、小学一样用。

(2)融合讲授法和讨论法，彻底突破传统教学模式，培养核心素养，让批判性思维、创造性思维、沟通与合作能力在日常教学的每一节课上得到贯彻落实。有效培养情商等社会性能力，提升人际交往能力，进而促进青少年的心理健康。

(3)既强调教师不可或缺的指导作用，保证知识体系传递的效率，又充分发挥学生的主动性，让学生爱上读书，进而进行个性化学习、深度学习和创造性学习，让传统课堂发生实质性的变化，提高学习效率，超越死记硬背，显著提升学生的考试成绩。

(4)显著减轻教师的机械性教学负担，带来轻松、愉快的教学氛围，形成闭环教学，让青年教师迅速提升教学能力，让资深教师打破瓶颈，达到教学新高度。

**(五)发展状况**

目前，合作开展对分课堂教学模式的既有高等院校，也有各级中小学校，数量已达数百所。对分课堂教学模式已经应用在许多高校的许多专业中，也产生了非常多的成功案例，如上海机电学院陈瑞丰的思想政治教育课。另外，还有许多教师把对分课堂教学模式运用在医学、数学、英语、第二外语、教育学、体育、美术、环境工程、化学、材料科学和程序设计等诸多学科。在常规课程之外，对分课堂教学模式还被成功运用到新生入学教育、“两学一做”、党员教育活动、家长会、家庭教育、职业教育和商业培训中，也取得了非常好的效果反馈。

## 三、翻转课堂教学模式

### (一)定义

翻转课堂译自“Flipped Classroom”或“Inverted Classroom”,是指重新调整课堂内外的时间,将学习的决定权从教师转移给学生。在这种教学模式下,在课堂内的宝贵时间中,学生能够更专注于主动的基于项目的学习,共同研究解决本地化或全球化的挑战以及其他现实世界面临的问题,从而获得更深层次的理解。教师不再占用课堂的时间来讲授知识,这些知识需要学生在课后完成自主学习,他们可以看视频讲座、听播客、阅读电子书,还能在网络上与别的同学进行讨论,能在任何时候查阅需要的材料。教师也能有更多的时间与每个学生交流。在课后,学生自主规划学习内容、学习节奏、风格和呈现知识的方式,教师则采用讲授法和协作法来满足学生的需要和促成他们的个性化学习,其目的是让学生通过实践获得更真实的学习。翻转课堂模式是大教育运动的一部分,它与混合式学习、探究性学习以及其他教学方法和工具在含义上有所重叠,都是为了让学习更加灵活、主动,让学生的参与度更强。在互联网时代,学生通过互联网学习丰富的在线课程,不必一定要到学校接受教师讲授。互联网(尤其是移动互联网)催生了翻转课堂教学模式。翻转课堂教学模式是对传统课堂教学结构与教学流程的彻底颠覆,由此将引发教师角色、课程模式、管理模式等一系列变革。

### (二)特点

利用视频实施教学,在多年以前人们就进行过探索。在20世纪50年代,世界上很多国家所进行的广播电视教育就是明证。为什么当年所做的探索没有对传统的教学模式带来较大的影响,而翻转课堂却备受关注呢?这是因为翻转课堂有如下几个鲜明的特点。

第一,教学视频短小精悍。不论是萨尔曼·汗的数学辅导视频,还是乔纳森·伯尔曼和亚伦·萨姆斯所做的化学学科教学视频,它们的共同特点就是短小精悍。大多数视频都只有几分钟的时间,比较长的视频也只有十几分钟。每一个视频都针对一个特定的问题,有较强的针对性,查找起来也比较方便;视频的长度控制在学生注意力能比较集中的时间范围内,符合学生身心发展特征;通过网络发布的视频,具有暂停、回放等多种功能,可以自我控制,有利于学生进行自主学习。

第二,教学信息清晰明确。萨尔曼·汗的教学视频有一个显著的特点,就是在视频中唯一能够看到的就是他的手,不断地书写一些数学符号,并缓慢地填满整个屏幕。除此之外,就是配合书写进行讲解的画外音。这是翻转课堂教学视频与传统教学视频的不同之处。传统教学视频中出现的教师的头像,以及教室里摆设的各种物品,都会分散学生的注意力,特别是在学生自主学习的情况下。

第三,重新建构学习流程。在通常情况下,学生的学习过程由两个阶段组成:第一个阶段是“信息传递”,这是通过教师和学生、学生和学生之间的互动来实现的;第二个阶段是“吸收内化”,这是在课后由学生自己来完成的。由于缺少教师的支持和同学的帮助,“吸收内化”阶段常常会让学生感到挫败,减弱学习的动机和成就感。翻转课堂教学模式对学生的学习过程进行了重构。“信息传递”是学生在课前进行的，教师不仅提供视频，还可以提供在线的辅导；“吸收内化”是在课堂上通过互动来完成的，教师能够提前了解学生的学习困难之处，在课堂上给予有效的辅导，学生之间的相互交流更有助于促进学生知识的吸收内化过程。

第四，复习检测方便快捷。学生观看教学视频之后，是否理解了学习的内容，视频后面紧跟着的几个小问题可以帮助学生及时进行自我检测，并对自己的学习情况做出判断。如果发现几个问题回答得不好，学生可以回过头来再看一遍，仔细思考哪些方面出了问题。学生对问题的回答情况，能够及时通过云平台进行汇总处理，有助于教师了解学生的学习状况。教学视频又一个优点就是便于学生一段时间学习之后的复习和巩固。评价技术的跟进，使得学生学习的相关环节能够得到实证性的资料，有利于教师真正了解学生。

**（三）策略**

翻转课堂教学模式要促进我国的课程教学改革向纵深的方向发展，需要做好以下几方面的准备。

第一，要树立教育变革的坚定信念。观念决定行为，有什么样的教育观念，就会有什么样的教育行为。很多教师在“分数至上”的教育环境中，已经锤炼出了一整套的“看家本领”，形成了一种固定的教学范式和习惯。实施翻转课堂教学模式，教师必然要打破自己和教育环境之间的平衡状态，让自己处于一个新的、自己内心没有确切把握的状态之中。如果没有坚定的改革信念作为支撑，教师通常是不愿意做出改变的。

第二，要有较高的教育信息化素养。当前，学生本身就生活在信息时代，对信息时代的电子产品和各类软件有着天生的亲近感。但教师不同，他们的青少年时代很少接触电子产品，缺少对信息技术的亲近感。大多数教师平时使用电脑就是编写一些文本、数据表格以及制作 PPT（PowerPoint 演示文稿）等，其他的软件和技术很少涉猎。虽然视频可以聘请别人来进行制作，但如果教师不具备与教学视频制作相关的系列技能的话，要推动翻转课堂教学模式是很困难的。

第三，要抓住翻转课堂的关键点。为了实施翻转课堂教学模式，很多人将主要精力都放在了视频的制作上，这其实也是一个误区。视频固然重要，但比视频更加重要的是如何支配课堂上多出来的这些时间。课堂的对话和讨论，需要教师做出精心的准备和细致的观察，真正做到因材施教。翻转课堂教学模式之所以成功，是因为课堂讨论所带来的学生“吸收内化”学习过程效益的提升。

第四，做好角色转换。首先，教师的角色从传统的教师角色转变成导师；其次，学生的角色更加突出学习的主体性和必要的主动性，学生需要主动操作和主动思考，学生如果没有一定的主动性，翻转课堂中的学习将无法进行；最后，家长的角色转变，家长在传统的教育思想体系下很难接受新的教学模式，在此过程中，要加强翻转课堂教学模式的宣传工作，让家长也能够理解新型教育方式，从而营造良好的学习环境和氛围。

**（四）问题**

从学生角度来看，翻转课堂教学模式是否真正解决了因材施教的问题？大多数人对于传统教育的诟病在于对待不同的学生搞“一刀切”，不仅在教学上如此，考试时更是如此，这使得很多成绩一般的学生只能在班级中“跟着跑”，而不能按照自己的学习能力和消化水平制订出符合自己的学习计划。翻转课堂虽然将学习的掌控权交给了学生，但是我们也应该看清目前国内学生的情况——不擅于提问和主动性不强，这两点直接影响了翻转课堂教学模式的效果。

从教师的角度来看，国内的教师是否具备引导学生学习的职业素质？翻转课堂很重要的一点就是通过教师的引导和答疑来检查学生学习的效果，在翻转课堂教学模式中，教师的角色其实不是被淡化了，而是从另一个方面被加强了，它要求教师能够通过设问、通过学生之间的讨论以及完成作业和项目的情况来分析和把握学生的学习效果，相较于传统的教学模式，教师从主动变为被动，从主导变为引导，这对其职业素质有着更高的要求，而与学生一样习惯了传统教育模式的教师群体，也很难在短时间内完成自身角色的转变。

从家长的角度来看，翻转课堂的教学效果如何去量化？我国家长对于教育普遍非常关注，虽然年轻的家长对于学生教育有了更加新潮的观念和更为开放的思想，但是有一点始终不变，就是如何量化教师的教学效果和学生的学习情况。过去通过考试来为学生排名次，对教师测评，但在素质教育观念的影响下，家长更看重学生的全面发展。对于翻转课堂教学模式来说，要翻转的不仅仅是教与学过程中的顺序，相对应的还有最终的效果评估机制。

# 第二章 教学方法

教学方法的理论是教学理论研究中不可缺少的重要组成部分。自从人类开始有教学活动，教学方法的创造和应用也随之出现。在千百年的教学实践活动中，人们创造和总结出各种教学方法。尤其是在当前的信息化社会，教育工作者更是将传统的教学方法与现代信息技术、网络技术、人工智能技术等进行高度融合，改革并创新了多种新型的教学方法。本章选择了几种具有极高实用价值的教学方法进行详细阐述。

## 第一节 教学方法概述

### 一、教学方法的定义

对于教学方法的定义，在教育学相关著作中没有一致且统一的答案。教育学家和教师们对教学方法的理解和实践有着广泛而深入的探讨。例如：冯忠良在《教育心理学》一书中提到，"教学方法通常被定义为教师和学生为了实现教学目标，完成教学任务而采取的相互作用的方式，包括教师的教授方式、学生的学习方式，以及二者之间的相互作用"。陈琦、刘儒德在《当代教育心理学》一书中提到，"教学方法是为了达到一定的教学目的，在师生共同活动中采用的手段或途径"。张华在《课程与教学论》中提到，"教学方法是在教学过程中教师和学生为实现教学目标而采用的一系列活动方式、手段和程序的总称"。

以上所述定义主要围绕教学过程中的教师、学生、教学目标、教学任务和活动方式等关键词展开，强调了教师和学生的互动作用、教学目标的实现以及具体的教学方法。

在总结前人对教学方法所下的定义的基础上，笔者认为教学方法可以广义理解为是教师在教学过程中，采用一系列的策略、程序和方式，引导学生学习知识、技能和价值观，以实现教学目标和满足学生需求的教学行为方式。这一理解强调了教学方法的实践性、多样性和灵活性，也突出了教师的主导作用和学生的主体地位。作为广义教学方法的定义，它是一个更为广泛的概念，同时包含了狭义教学方法、教学形式和教学内容的组合与安排等。广义教学方法着重于整个教学过程的优化和教学效果的提升，具有更多的灵活性和多样化，可以根据不同的教学目标、学生需求和教学情境进行调整和变化。

在上述理解中提到的"一系列的策略、程序和方式"主要指在教学过程中教师采取的具体方法，可以作为对狭义教学方法的理解，这也是广义教学方法的一部分。其更注重于教师如何传授知识和技能，以及学生如何掌握这些知识和技能，往往适用于特定的教学任务和场景。

广义教学方法和狭义教学方法并不是相互孤立或相互对立的概念，它们是相互联系、相互依存的。在实际的教学过程中，教师需要根据具体情况灵活选择和运用各种教学方法，以达到最佳的教学效果。

## 二、教学方法的分类

### (一)广义教学方法的分类

我国李秉德教授在其主编的《教育论》中将教学方法划分为不同类型，包括传授知识的方法、启迪心智的方法、磨练意志的方法、培养个性的方法等。其中，传授知识的方法包括讲解法、谈话法、读书指导法等，这些方法主要是教师运用口语，向学生教授知识、技能，以及学生通过独立阅读书面语言来获取知识；启迪心智的方法包括探究法、发现法、讨论法等，这类方法的特点在于在学生探索、解决、认识任务的过程中，他们的独立性得到了比较充分的发挥，从而逐步培养和发展学生的探索、研究、创新等方面的能力。

苏联的教育家巴班斯基将教学活动分为三大类，即组织和自我组织学习认识活动的方法、激发学习和形成学习动机的方法、检查和自我检查教学效果的方法。其中，组织和自我组织学习认识活动的方法主要以认识论为理论依据，从生动的直观到抽象的思维，然后再回到实践，在教学方法上形成了比较完整的认识过程体系。这类方法主要用于保证学生个体的认识加工活动过程。激发学习和形成学习动机的方法主要以唯物辩证法中关于内因与外因关系为理论基础，认为在教学活动中，学生的学习动机是推动他们积极学习的内在动力。这类教学方法就是用于保证教学活动中学生学习的意志、学习的情绪和学习的积极性。检查和自我检查教学效果的方法以控制论的基本原理为依据，认为教学活动过程就是信息的传递过程，是依靠信息的传递与反馈原理进行的，同时要对教学活动的过程进行有效的调控和反馈。

美国的教育学家拉斯卡将教学方法依据新行为主义的学习理论(即刺激—反应联结理论)分为四类基本的教学方法，即呈现方法、实践方法、发现方法、强化方法。其中，呈现方法主要指教师通过讲解、示范、演示等方式，将知识与技能直接呈现给学生，帮助学生迅速掌握学习内容。实践方法主要指教师通过组织实践活动，让学生在亲身参与中学习和掌握知识与技能。该方法可以帮助学生将理论知识转化为实践经验，提高他们的实际操作能力。发现方法主要指教师通过问题解决、探究等方式，引导学生主动发现和掌握知识与技能。该方法可以激发学生的学习兴趣和主动性，培养他们独立思考和解决问题的能力。强化方法主要指教师通过奖励或强化，鼓励学生达到教师预期的学习结果。该方法可以帮助学生建立正确的学习态度和形成良好的行为习惯，提高他们的学习效果和学习动力。

广义教学方法的分类可以认为是从宏观上定义了狭义教学方法的分类标准。下面将分别基于三位教育学家的广义教学方法的分类框架阐述狭义教学方法的分类。

### (二)狭义教学方法的分类

通过对上述三类广义教学方法的分类进行比对分析，我们不难发现每两个分类框架或者三类框架中包含了共同的呈现形式与特征属性，主要体现形式如表 2－1 所示。

**表 2－1　三类广义教学方法的分类内容**

| 广义分类框架 | 分类内容 | | | |
|---|---|---|---|---|
| 李秉德 | 传授知识的方法 | 启迪心智的方法 | 磨练意志的方法 | 培养个性的方法 |
| 巴班斯基 | 组织和自我组织学习认识活动的方法 | 激发学习和形成学习动机的方法 | 检查和自我检查教学效果的方法 | |
| 拉斯卡 | 呈现方法 | 实践方法 | 发现方法 | 强化方法 |
| 本书定义 | 讲授法 | 发现探究法 | 实践活动法 | 反馈强化法 |

其中，李秉德的分类框架中“传授知识的方法、启迪心智的方法”与巴班斯基的“组织和自我组织学习认识活动的方法”以及拉斯卡的“呈现方法”具有相似描述与行为特性，巴班斯基的“激发学习和形成学习动机的方法”与拉斯卡的“发现方法”具有相似描述与行为特性，巴班斯基的“检查和自我检查教学效果的方法”与拉斯卡的“强化方法”具有相似描述与行为特性。

因此，本书将三个框架下的广义教学方法分类再次重新规划为四类，分别描述为传授知识的方法、探究知识的方法、实践知识的方法以及强化知识的方法，如表 2－1 所示。

在重新划分分类体系后，针对每种广义分类，可具体确定其狭义的教学方法分类。

（1）传授知识的狭义教学方法主要包含的内容如表 2－2 所示。

**表 2－2　传授知识的狭义教学方法主要包含的内容**

| 方法名称 | 方法描述 | 实践行为 |
|---|---|---|
| 直接教学法 | 以教师为中心的教学方法，教师通过讲解、示范、演示等方式将知识、技能传授给学生 | 讲述、讲解、示范、演示、举例、解释、描绘等 |
| 交互式教学法 | 以学生为中心的教学方法，强调学生的主动参与和合作学习 | 讨论、对话、问题解决、项目合作、角色扮演、案例分析等 |

（2）探究知识的狭义教学方法主要包含的内容如表 2－3 所示。

**表 2－3　探究知识的狭义教学方法主要包含的内容**

| 方法名称 | 方法描述 | 实践行为 |
|---|---|---|
| 情境式教学法 | 一种以实际情境为中心的教学方法，强调学生的实践和应用能力 | 模拟表演、案例分析、实地考察、角色扮演、实验教学等 |
| 启发式教学法 | 一种以问题解决为中心的教学方法，强调学生的自主学习和独立思考能力 | 提问、探究、调查、实验、创造等 |
| 合作学习法 | 一种以合作学习为中心的教学方法，强调学生的互相学习能力、合作能力和团队精神 | 小组讨论、分工合作、团队竞赛等 |
| 讨论法 | 在教师的指导下，学生以全班或小组为单位，围绕教材的中心问题，各抒己见，通过讨论或辩论活动，以获得知识或巩固知识的一种教学方法 | 小组讨论 |

(3)实践知识的狭义教学方法主要包含的内容如表 2－4 所示。

**表 2－4 实践知识的狭义教学方法主要包含的内容**

| 方法名称 | 方法描述 | 实践行为 |
|---|---|---|
| 问题式教学法 | 以问题为核心，以提出问题、分析问题、解决问题为线索，通过探索、合作、交流、实践等方式，引导学生主动参与、独立思考、亲身实践，从而激发学生的学习动机、提升学生解决问题能力的教学方法 | 设计问题，自主探究或小组合作，交流、讨论、分享 |
| 项目式教学法 | 在教师的指导下，将一个相对独立的项目交由学生自己处理，信息的收集、方案的设计、项目的实施及最终评价，都由学生自己负责，学生通过该项目的进行，了解并把握整个过程及每一个环节中的基本要求 | 设计问题，自主探究或小组合作，交流、讨论、分享 |

(4)强化知识的狭义教学方法主要包含的内容如表 2－5 所示。

**表 2－5 强化知识的狭义教学方法主要包含的内容**

| 方法名称 | 方法描述 | 实践行为 |
|---|---|---|
| 结构化的反馈教学 | 根据知识结构化的需要，组织系统练习，以使学生知识结构全面化、深刻化 | 设计系统练习，分析结果 |
| 创造性的反馈教学 | 培养创造性能力，围绕学生知识结构化的需要，引导学生举一反三，将知识融会贯通 | 提问、测试，分析结果 |
| 检查性的反馈教学 | 在教学进行一段时间后，通过反馈信息和反馈性的练习来评定和调控教学活动，检验教学效果 | 测试，分析结果 |

在实际教学过程中，为了达到好的教学效果，通常是多种方法结合使用，特别是随着网络技术、大数据技术与人工智能技术的飞速发展，越来越多的教师将先进的技术手段融入传统的教学方法中，孕育并诞生了多种现代教学方法。

## 三、传统教学方法与现代教学方法的关系

传统教学方法在过去的岁月中，为教育的发展和人才的培养发挥了重要的作用。这些方法注重教师的讲授，以教材为中心，更加重视知识的传递与灌输。然而，随着教育理念的更新和科技的进步，传统教学方法的局限性也日益显现，例如，缺乏对学生主动性和创造性的关注，无法满足现代社会对人才培养的需求。

随着现实需求的不断推进，逐渐出现的现代教学方法在信息技术和认知科学等学科的影响下发展壮大起来。这些方法注重学生的主体地位，倡导问题导向，提倡多样化的学习方式，如合作学习、自主学习和研究性学习等。同时，现代教学方法也更加注重学生的实际需求和个体差异，强调培养学生的创新精神和实践能力。

虽然传统教学方法与现代教学方法在教学过程中的侧重点有所不同，但是它们并不是对立的关系，而应该相互借鉴、相互融合。

1.传统教学方法与现代教学方法的一致性

首先是二者教学目标的一致性。无论是传统教学方法还是现代教学方法，都是为了让学生掌握知识、技能，提高其综合素质和能力，以实现学生的全面发展。其次是二者因材施教的一致性。无论是传统教学方法还是现代教学方法，都需要根据学生的年龄、知识水平、兴趣爱好等因素以及教学任务的要求来选择合适的教学行为和手段，同时也需要根据不同的教学任务和教学目标来调整和改进教学行为。再次是二者都强调教学中的互动和交流。传统教学方法中的讲解、问答、讨论等环节，以及现代教学方法中的小组讨论、互动游戏、角色扮演等形式，都是为了促进师生之间的互动和交流，以提高学生的学习兴趣和参与度。最后是二者都注重教学评价和反思的作用。教学评价不仅是对学生的学习成果的评估，也是对教师教学效果的反馈；而反思则是教师对自身教学的审视和改进。这两种方法都强调了教学评价和反思在教学活动中的重要性。

2.传统教学方法与现代教学方法的差异性

一是教学理念的差异。传统教学方法往往以教师为中心，注重知识的传授和灌输。现代教学方法则更加注重学生的主体地位，强调培养学生的创新精神和实践能力。二是教学内容和方式的差异。传统教学方法通常以教材为中心，注重知识的系统性和完整性。现代教学方法则更加注重教学内容的多样性和开放性，注重培养学生自主学习和合作学习等能力。三是教学资源利用的差异。传统教学方法主要依赖于教师的口头讲解和黑板板书。现代教学方法则更加注重多种教学资源的利用，如多媒体辅助教学、网络资源等。四是学生的参与度和互动性的差异。传统教学方法往往以教师讲授为主，学生处于被动接受的状态，参与度较低。现代教学方法则更加注重学生的参与度和互动性，鼓励学生主动思考和发表自己的观点。五是教学评价和反思形式的差异。传统教学方法的教学评价往往以考试成绩为主，注重结果评价。现代教学方法则更加注重过程评价，注重学生的综合素质和实践能力的培养，同时也强调教师的反思和总结，不断提高教学质量。

通过以上分析，可以看出传统教学方法和现代教学方法在表现形式和侧重点上有所不同，但它们在教学原理上存在一定的一致性，都是为了实现教学目标而采取的教学手段，需要针对学生的实际情况和教学任务的要求而选择合适的教学方法，注重教学中的互动和交流，以及教学评价和反思。

在实际教学过程中，不应完全割裂现代教学方法和传统教学方法，应该根据具体情况和实际需求，灵活选择和运用合适、有效的教学方法，以达到最优的教学效果，提升教学质量。

## 四、选择有效教学方法的路径

本节第二部分的内容从广义与狭义的层面对教学方法进行了分类，提出了属于不同广义教学方法下的狭义教学方法，这些方法中既包含了传统的教学方法，也包含了现代教学方法。因此，接下来提到的教学方法是从传统与现代的维度进行划分的。

教学方法的选择对于教学质量的提升具有举足轻重的作用。为了实现这一目标，教师需要在教学过程中对多种教学方法进行排序以及优化组合。选择哪种或哪些教学方法主要取决于两个因素：其一是课程内容本身，也就是教学内容本身的特征适合用哪种方法进行讲授；其二是授课对象的特点，也就是要对学情做出准确的诊断。

1.基于课程要素选择教学方法

不同课程的知识内容与学习要求不同，不同阶段、不同单元、不同课时的内容与要求也不一致，这些都对教学方法的选择提出了不同的要求。

首先，从课程的知识内容出发，合理进行教学方法的选择与优化组合。例如，对于理论性较强的课程内容，应采用以语言传递信息为主的教学方法，以有效地帮助学生理解和掌握理论知识。这些方法包括讲解法、讨论法和案例分析法等。对于实践性较强的课程内容，则可以采用实验法、模拟法等以实际动手操作为主的教学方法，以帮助学生通过实践操作掌握实际技能。对于需要培养学生的创新思维和问题解决能力的课程内容，可以采用项目式教学法、问题解决教学法等以自主学习和合作学习为主的教学方法，以引导学生自主探究和思考，培养其创新思维和解决问题的能力。

其次，从课程的不同阶段、不同单元、不同课时的内容出发，应综合考虑对教学方法的选择。例如，按照课程内容组织的一般流程，可以梳理出一条涵盖"引言—基础概念与知识—课程主体内容"的结构路线。

(1)对于引言部分，通常是简要介绍课程的目的、意义、背景及主要内容，或者阐述课程学习的重要性和预期的学习成果。由于该部分内容位于课程的开始，因此为了吸引学生的兴趣，让他们对课程充满兴趣与保持好奇，通常可选择以下教学方法，如表2-6所示。

**表2-6　课程引言部分常用的教学方法**

| 教学方法 | 实现过程 | 效　果 |
| --- | --- | --- |
| 导入法 | 通过简短而引人入胜的导入语或情境，将学生快速带入课程主题 | 迅速抓住学生的注意力，为接下来的学习打下良好的基础 |
| 情境式教学法 | 引入与课程内容相关的实际案例，通过对案例的分析和讨论，引导学生理解课程主题 | 通过具体案例的引入，可以使抽象的理论知识具体化、生动化，有助于学生更好地理解和掌握知识 |
| 讨论与互动法 | 组织学生进行简短的讨论或互动活动，如小组讨论、角色扮演等 | 通过讨论和互动，能够增强学生的参与感和归属感，激发学生的学习兴趣，同时也有助于教师了解学生的学习状况和需求 |

(2)对于基础概念与知识部分，通常是会列出课程所需的基本知识和核心概念，作为课程的起点和基础。因此，教师需要对这些知识和概念进行详细的解释和定义，确保学生对这些内容有清晰的理解。教师通常可选择以下教学方法，如表2-7所示。

**表 2-7　课程基础概念与知识部分常用的教学方法**

| 教学方法 | 实现过程 | 效　果 |
| --- | --- | --- |
| 直接教学法 | 直接向学生解释和阐述基础知识与概念，通过口头描述和解释来传递信息 | 直接且高效的教学方法能够快速传递大量信息，特别适于介绍新的知识点和概念 |
| 交互式教学法 | 教师提出问题，引导学生思考和回答，通过问答互动来检验和巩固学生对基础知识与概念的理解 | 问答法能够即时检验学生的学习效果，及时纠正错误理解，同时也有助于提高学生的思维能力和表达能力 |

(3)对于课程主体部分内容，如何选择合适的教学方法，则可以参考前续内容，即针对课程内容的不同进行教学方法的选择。

2. 基于学情要素选择教学方法

学情是指学生在学习某一学科或主题时的状态和情况，包括学生的知识储备、学习态度、学习方法、学习进度等多个方面。可以说，学情分析是教学方法选择的基础，而教学方法的选择应基于学情分析的结果。这也是为什么教师通常在开课之前要做学情分析调查。

常见的学情分析调查主要有观察法、谈话法、问卷调查法以及认知诊断。

首先是观察法和谈话法。在自然条件下，教师通过有目的、有计划地观察学生的言谈、举止行动和表情，或者通过和学生相互交谈了解其心理活动与具体需求，以便更好地因材施教。具体实施可以通过开课前与学生的教学联席会展开。

其次是问卷调查研究法。这是深入了解学生的重要方法。调查前要根据调查的内容和问题列出调查提纲，考虑好调查的具体步骤和方法，确定调查的重点对象。教师在调查时要热情、周到，边听边记下某些重要的内容，调查后要对了解到的内容做适当的整理，这可以为学生做比较分析提供宝贵材料。

以上方法都是常用的传统的学情调查方法，随着大数据技术的飞速发展，新的学情调研方法也应运而生。其中比较有代表性的就是认知诊断法。其主要通过对人的思维过程进行分析和评估，旨在识别和解决特定的问题或困惑。相较于传统的学情调查方法，认知诊断更聚焦于学生的认知过程，特别是解决问题时所涉及的认知属性。它基于认知加工过程进行诊断，是对个体认知加工过程中所涉及的认知属性的诊断。它不只是了解学生的能力知识结构，还能解释学生掌握了哪些实际技能，以及在学习过程中采取了何种学习策略。建立在正确分析课程内容的基础上以及正确诊断学情的前提下选择的教学方法通常是有效的，并且是具有科学理论依据的。

在学情诊断明确的前提下，教师可以根据具体的学情采取相应的教学方法。如表 2-8 所示。

**表 2-8　课程基础概念与知识部分常用的教学方法**

| 学　情 | 学情描述 | 教学方法 | 效　果 |
| --- | --- | --- | --- |
| 学习基础扎实 | 学生已有较好的知识储备 | 案例分析法、项目式学习法，以及创造性的反馈教学 | 提升学生的综合能力 |

续表

| 学　情 | 学情描述 | 教学方法 | 效　果 |
| --- | --- | --- | --- |
| 学习基础薄弱 | 学生知识储备欠缺 | 启发式教学、合作学习法等 | 由教师引领或者合作者协作推动学生进行知识学习 |
| 兴趣浓厚，目标明确 | 学生有明确的学习目标 | 问题导向教学法 | 帮助学生实现具体的学习目标 |
| 视觉型学习者 | 喜欢图表、视频等素材 | 情境式教学法 | 强调视觉元素的运用，以帮助他们更好地吸收和理解信息 |
| 听觉型学习者 | 喜欢通过听觉渠道吸收信息 | 讲授法、讨论与互动法 | 强调听觉元素的运用，满足他们的学习需求 |
| 动觉型学习者 | 通过实际操作进行学习 | 情境式教学法 | 强调多感官参与，发挥他们的学习优势，提高学习效果 |

## 第二节　常见的教学方法

### 一、讨论式教学方法

讨论式教学方法是指在教师的指导下，学生以全班或小组为单位，围绕教材的中心问题，各抒己见，通过讨论或辩论活动，以获得知识或巩固知识的一种教学方法。该教学方法在国内外的教学方法体系中占有重要地位，被广泛应用于各种教学环境中。在这种教学方法中，教师通常作为“导演”，引导并启发学生进行有意识的思维探索活动。学生则在教师指导下，针对特定问题表达自己的观点和见解，以此培养独立思考能力和创新精神。

在讨论式教学方法实践中，教师主要负责以下教学环节。首先是课前准备，在这个环节中，教师需要深入研读教材，明确教学目标和教学内容，选择适当的讨论主题，并为学生设计合适的讨论题目。其次，在接下来的课堂讨论中，教师要充当引导者，引导学生积极参与讨论，鼓励他们发表观点和意见，同时也要维持讨论秩序，保证讨论有序进行。讨论结束后，进入反馈与总结环节，即教师需要对讨论结果进行及时的反馈和总结，帮助学生更好地理解和掌握所学知识。最后，在教学实践过程结束后，教师要对整个讨论过程进行评估与反馈，也就是对学生的学习成果进行评估。同时，教师还需要及时向学生提供反馈意见，帮助他们更好地改进自己的学习方法和技能。

在整个教学过程中，学生的地位至关重要。首先，学生应积极参与讨论，主动发表自己的观点和意见，并对他人的观点进行深入思考和评价。通过主动参与，学生能够更好地理解讨论主题，同时也有助于激发自身的学习兴趣和热情。其次，学生必须学会自主思考。他们需要运用所学的知识对讨论主题进行分析和讨论，从而培养独立思考的能力并激发创新精神。在这个过程中，学生将不断挖掘新的思路和方法，有助于提升他们的思维能力和解决问题的能力。此外，学生需要形成与他人合作的能力。在共同分析问题和解决问题的过程中，通过团队合作来培养协同工作的能力和沟通能力。这种团队合作有助于学生更好地理解讨论主题，并使他们在学习过程中获得更全面的知识和技能。最后，学生应具备互相学习的能力。因为在讨论过程中，他们可以从他人身上学到更多的知识和技能，进而拓宽自己的视野和思路。通过互相学习和交流，学生能够取长补短，获得更全面的提升。

当前较为流行的翻转课堂教学模式就是讨论式教学方法与现代教学思想、信息技术相结合的产物。它以讨论式教学方法为核心，既适应了现代教学的需求，又为提高学生的学习能力和综合素质提供了新的思路和方法。教师通过将课堂内外的时间和权力进行重新调整，鼓励学生在课外依靠自主学习完成知识的构建。在课堂中，则主要让学生通过讨论的方式进行知识的探究、交流和分享，从而实现对知识的深化理解。

## 二、任务驱动教学方法

任务驱动教学方法是一种以建构主义学习理论为基础的教学方法，体现的是以解决问题、完成任务为主的多维互动式的教学理念，使学生处于积极的学习状态，能根据自己对当前问题的理解，运用共有的知识和自己特有的经验提出方案、解决问题。它包括创设情境、确定问题、自主学习与协作学习、效果评价等步骤。

任务驱动教学方法的实施过程是：首先，教师根据教学内容和教学目标提出具体任务，然后学生围绕这个任务展开学习，通过自主探究、小组协作等方式完成任务，掌握知识技能，达成学习目标。在这个过程中，教师起到引导和指导的作用，学生则是学习的主体，通过完成任务的过程，掌握知识技能，提高综合能力。同时，教师还需要及时给予指导和反馈，帮助学生解决遇到的问题和困难。

在执行该教学方法的过程中，任务是整个教学活动的核心，任务的设计要具有可操作性和可评价性，能够引导学生进入学习情境，自主探究问题，解决问题。同时，任务还需要具备一定的难度和挑战性，能够激发学生的思维和创造力。任务情境则要尽可能地真实、贴切和有趣，能够引发学生的共鸣和兴趣。该教学方法适合探究式教学模式，适用于培养学生的创新能力和独立分析问题、解决问题的能力。同时，它还符合计算机系统的层次性和实用性，按照由表及里、逐层深入的学习途径，便于学生循序渐进地学习信息技术的知识和技能。

与讨论式教学方法相比，任务驱动教学方法也是以教师为主导、学生为中心开展的教学过程，不同之处主要体现在以下三个方面。

第一，运用方式的不同。任务驱动教学方法是在教学过程中，通过布置探究性学习任务，引导学生自主探究、小组协作，以完成任务为目标的教学方法。讨论式教学方法则是在教师的指导下，学生以小组为单位，围绕某一问题发表各自的观点和看法，通过互相讨论、交流，以达成对问题的共识和理解。

第二，教学效果的不同。任务驱动教学方法主要通过学生自主探究、小组协作完成任务的过程，培养学生的自主学习能力、实践能力、团队协作能力和解决问题的能力。讨论式教学方法则主要通过学生互相讨论、交流观点的过程，培养学生的沟通能力、表达能力和批判性思维能力。

第三，教学重点的不同。任务驱动教学方法以完成任务为目标，强调任务的明确性、可操作性和可评价性，注重培养学生的实践操作能力和问题解决能力。讨论式教学方法则以讨论问题为目标，强调问题的针对性、开放性和共识的达成，注重培养学生的沟通能力和批判性思维能力。

## 三、PBL 教学方法

PBL(Problem-Based Learning)在很多文献中被称为项目化学习，本书中则称之为项目式学习。与任务驱动教学方法相比，PBL 是以问题为导向的，这些问题通常是真实的、复杂的、模糊的和开放的，而且是非结构性的问题。它能鼓励学生进行批判思考，学习解决问题所需知识，掌握问题解决技能。因此，项目式学习是以学生为中心的学习方式。通过让学生参与经过缜密设计且合理、严谨的项目，培养其批判性思维和分析信息的能力，以及与不同伙伴协作并创造性地解决问题的能力。

PBL 对学生而言是项目式学习，对教师而言则是项目式教学。在项目式教学方法中，教师需要明确自己的角色和职责。首先，教师需要对项目式学习有清晰的认识，并将其贯彻到整个教学过程中。在这个过程中，教师既需要充当指导者、引导者和协调者的角色，为学生提供必要的支持和指导，同时，还需要积极与学生沟通交流，及时了解学生的需求和困难，并采取相应的措施解决问题。

这就意味着教师在项目实施前与实施过程中扮演着不同的角色。在项目实施前，教师通常以设计者的身份出现，他们需要根据学生的认知水平以及课程标准的要求，对项目进行精心设计和规划，并确定项目的最佳呈现方式。而一旦进入教学实施阶段，教师则需要快速转变角色，由设计者转变为引导者或指导者。在课堂上，教师不会直接就学生的讨论话题发表自己的看法，而是引导学生提出合适的问题，并对学习的方向、范围和深度进行把控。虽然教师并不直接发表看法，但作为组织策划者、质量评估者和学习资源提供者，教师还是需要具有深厚的知识储备和全面多元化的知识结构，丰富的知识储备可以弥补教学设计的不足，促进学生学习。

PBL 教学方法的实施流程主要包含以下六个环节。

第一，问题定义与描述。教师或学生识别并描述需要解决的问题或挑战。问题需要具有明确的目标和限制条件，以帮助学生明确解决问题的方向和范围。

第二，小组组建与分工。学生自愿或由教师指导组成小组，每个小组内的成员有不同的角色和职责，他们需要明确自己的任务和要达到的效果。

第三，信息收集与分析。学生通过阅读、研究、讨论等途径收集相关信息，并对信息进行分析、整理和筛选，以理解问题本质并寻找解决方案。

第四，创造解决方案。在收集和分析信息的基础上，学生发挥自己的创造力和想象力，设计并实施解决方案。在这个过程中需要鼓励团队合作，共同解决问题。

第五，成果展示与分享。小组向全班展示解决方案，并分享他们的学习过程和经验。这有助于提升学生的自信心和表达能力。

第六，反馈与反思。教师或其他学生给予反馈和建议，学生对自己的表现和学习过程进行反思，以便进一步提升学习效果和学习体验。

## 第三节　教学方法的应用

本节将结合前面阐述的常见教学方法，具体论述选择合适的教学方法应遵循的主要原则。同时，以课程"大数据技术与应用"为例，结合第二章第二节中阐述的 PBL 教学方法进行深入研究探讨。

### 一、教学方法应用原则

在实际教学中如何选择合适的教学方法，主要把握以下几个原则。

第一，以学生为中心进行方法选择。在上一节中阐述的三种教学方法都强调学生的主动性和参与性，因此在选择时，应考虑是否能让学生积极参与，提高他们的学习兴趣和动力。

第二，应考虑教学目标的适应性。例如，讨论式教学方法适合培养学生的批判性思维和沟通能力，任务驱动教学方法有利于培养学生的自主学习和问题解决能力，PBL 教学方法有利于培养学生的实践能力和协作能力。

第三，根据教学内容的特点选择合适的教学方法。例如：对于实践性强的课程，PBL 教学方法可能更为合适；对于理论性强、需要深入探讨的课程，讨论式教学方法可能更为合适。

第四，教师能力。教学方法的选择也受教师自身能力的限制。教师需要评估自己是否能有效地实施所选的教学方法。

第五，教学资源，教学方法的实施需要一定教学资源的支持。教师应考虑课程现有的教学素材、教材等是否支持所选的教学方法。

第六，评估与反馈。任何教学方法的有效性都需要通过评估来确认。应考虑是否有有效的评估机制来衡量教学方法的效果，并根据评估结果进行反馈和调整。

第七，持续改进。教学方法不是一成不变的，应根据学生的反馈和教学效果持续地进行调整和改进。

例如，在以学生为中心进行教学方法选择时，首先要全面了解学生的需求、兴趣、能力以及学习风格。通过合理设置调查问卷，对学情进行充分的调研与分析，进而对学生做出宏观的分类。由于不同的学生可能有不同的学习能力、学习目标，因此，教学方法的选择应能适应并根据学生分类做出适当的调整。教师可定期收集学生的反馈，评估教学方法的效果，并根据反馈和评估结果进行调整。

再如，根据教学内容的特点进行方法选择时，由于不同学科的知识内容需要不同的学习要求，因此教学方法的选择应与学科性质相匹配。例如：对于数学、物理等理论性强的科目，可能更适合采用讲授式、讨论式教学方法，提高学生的理论认知深度；对于计算机类实践科目，可能更适合 PBL 或者任务驱动式教学方法，提高学生的实践动手解决问题的能力。同时，对于同一门课程，不同阶段、不同单元、不同课时的内容与要求也不尽相同。例如：对于初级阶段的内容，可能更适合采用直观教学方法和示范教学方法；对于高级阶段的内容，则可能需要采用讨论式教学方法或 PBL 教学方法。当然，教学方法的选择应考虑是否需要理论与实践相结合。如果内容更偏重理论，则宜选择讲授式教学；如果内容更偏重实践，则宜选择实验、实训或情境教学方法。

## 二、教学方法应用实例

在遵循教学方法应用原则的基础上，本部分以课程"大数据技术与应用"为例，结合第二章第二节中阐述的 PBL 教学方法进行深入研究探讨。

### (一)PBL 教学方法的应用前提

在开展 PBL 教学方法之前，需要对课程内容进行研讨分析，看其是否适合开展 PBL 教学方法。

PBL 学习的主要特点是专注于核心概念，反映学科核心内容与外部世界的关联，是强调真实性、应用性、逻辑性的学生主动学习。项目式学习中的概念教学的主要理论基础是建构主义。建构主义中的认知灵活性理论认为结构不良领域的问题有两个主要的特征，即概念的复杂性和案例的差异性。多项研究表明，只有具备丰富复杂性的概念以及一些前沿性的概念，才适用建构主义的教学模式。

这也就意味着使用 PBL 教学方法之前要先关注以下四个关键点。

一是课程内容是否具备问题性和情境性。PBL 教学方法强调以问题为导向，因此课程内容需要能够产生具有复杂性概念以及前沿性概念的问题，并能够为学生提供解决问题的情境。

二是课程内容需要具备开放性和互动性。在 PBL 教学方法的实施过程中，学生需要在一定的情境中主动发现问题、收集信息、形成假设、进行推断和解决问题，因此课程内容需要具备开放性和互动性，能够引发学生的探究和讨论。

三是课程内容需要与实际生活或实践紧密联系。PBL 教学方法强调知识的实际应用，因此课程内容需要与实际生活或实践紧密联系，让学生能够将所学知识应用到实际情境中，增强学习的意义感和实用性。

四是课程内容需要具备整合性。PBL 教学方法强调知识的整合和跨学科的学习，因此课程内容需要具备整合性，能够将不同领域的知识融合在一起，促进学生综合素质和创新能力的发展。

笔者在分析课程“大数据技术与应用”的内容后发现其适合开展 PBL 教学方法，具体匹配度如表 2 - 9 所示。

**表 2 - 9　课程内容开展 PBL 教学方法的匹配度**

| 课程内容设置 | 指标项 | 匹配度 |
|---|---|---|
| Hadoop 生态系统 | 问题性和情境性 | * * * * * |
| | 开放性和互动性 | * * * * * |
| | 实际生活或实践紧密联系 | * * * * * |
| | 整合性 | * * |
| HDFS 分布式文件系统 | 问题性和情境性 | * * * * * |
| | 开放性和互动性 | * * * * * |
| | 实际生活或实践紧密联系 | * * * * * |
| | 整合性 | * * * |
| 文档数据库 | 问题性和情境性 | * * * * * |
| | 开放性和互动性 | * * * * * |
| | 实际生活或实践紧密联系 | * * * * * |
| | 整合性 | * * |
| 列族数据库 | 问题性和情境性 | * * * * * |
| | 开放性和互动性 | * * * * * |
| | 实际生活或实践紧密联系 | * * * * * |
| | 整合性 | * * |
| Spark 编程基础 | 问题性和情境性 | * * * * |
| | 开放性和互动性 | * * * * |
| | 实际生活或实践紧密联系 | * * * * |
| | 整合性 | * * |
| RDD 编程基础 | 问题性和情境性 | * * * * * |
| | 开放性和互动性 | * * * * * |
| | 实际生活或实践紧密联系 | * * * * * |
| | 整合性 | * |
| Spark 结构查询 | 问题性和情境性 | * * * * * |
| | 开放性和互动性 | * * * * * |
| | 实际生活或实践紧密联系 | * * * * * |
| | 整合性 | * * * * * |

**续 表**

| 课程内容设置 | 指标项 | 匹配度 |
| --- | --- | --- |
| Spark 实时数据处理 | 问题性和情境性 | * * * * * |
| | 开放性和互动性 | * * * * * |
| | 实际生活或实践紧密联系 | * * * * * |
| | 整合性 | * * * * * |
| Spark 机器学习 | 问题性和情境性 | * * * * * |
| | 开放性和互动性 | * * * * * |
| | 实际生活或实践紧密联系 | * * * * * |
| | 整合性 | * * * * * |

### (二)PBL 教学方法的应用步骤

通过对课程内容的分析,笔者发现“大数据技术与应用”的大部分内容都具备问题性和情境性、开放性和互动性以及与实际生活或实践紧密联系等特点,在整合性方面,课程的后半部分与专业背景课“数据分析挖掘”关联度较高,前面部分与“数据库原理”“python 程序设计”中的部分内容也存在关联度。

基于对课程内容的分析,可将 PBL 教学方法的应用分为以下四个步骤。

(1)梳理专业背景课的概念知识点,利用知识图谱技术生成“大数据技术与应用”的概念地图,并将地图中的知识点进行发散,将涉及的其他课程的知识点囊括其中。概念地图如图 2-1 所示。

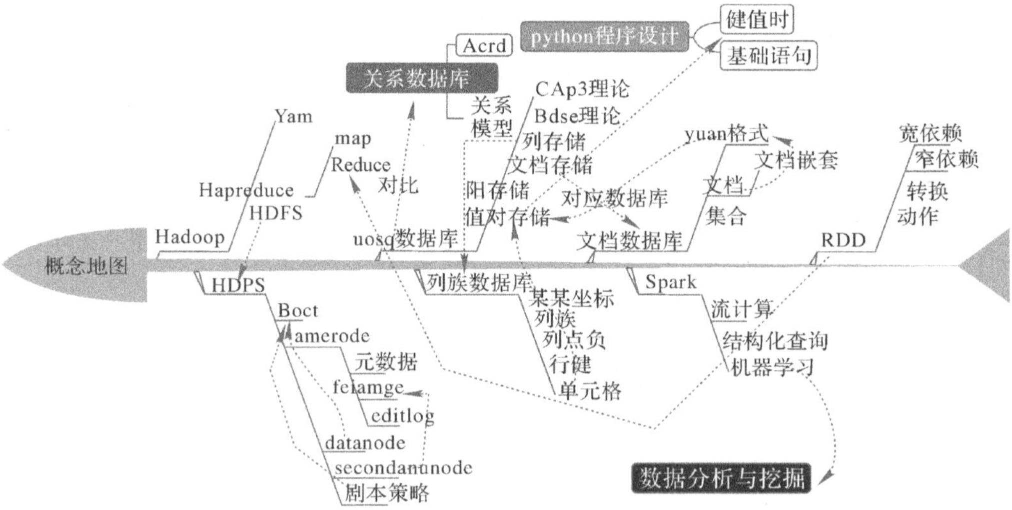


**图 2-1 课程知识概念地图**

(2)基于 PBL 教学方法,构建案例库,修改教学文件,主要是教案中的教学设计与教学组织环节,使教学过程符合 PBL 教学方法的流程。

本课程以“文档数据库”这一章为例,进行项目案例构建,并提出教学设计流程,如表 2-10 所示。

**表 2-10　PBL 教学方法教学流程示例**

<table>
<tr><th colspan="4">“文档数据库”项目式教学流程</th></tr>
<tr><th>项目构建前提</th><th>项目内容</th><th>问题设计</th><th>对标的概念</th></tr>
<tr><td rowspan="8">①具备问题性和情境性<br>②需要具备开放性和互动性<br>③与实际生活或实践紧密联系<br>④具备整合性</td><td rowspan="8">小毕同学是个武器迷，最近特别关注在俄乌冲突中表现亮眼的美军海马斯火箭炮。<br>他想把这些网页上的结构化信息用数据库存储起来，于是分析了火箭炮的属性，设计了一张“火箭炮”表，开始录入数据。但他很快发现，海马斯百科主页上很多数据可以结构化，这要不断扩充已有表的结构。同时，我军箱式远程火箭炮装备更加强大，要存到这张表里，表结构难免还要变化。<br>你该如何帮助小毕同学呢？</td><td>问题①：传统的关系型数据库很难应对这种频繁变更表结构的行为，如何从根本上改变结构问题？</td><td>非关系型数据库与关系型数据库的不同之处</td></tr>
<tr><td>问题②：你认为上节课学习的非关系型数据库中的哪一类适合解决此类存储问题？</td><td>四种非关系型数据库的使用场景</td></tr>
<tr><td>问题③：如果选择文档数据库，该如何设计呢？核心思想是什么？</td><td>Json 语法格式</td></tr>
<tr><td>问题④：你在实践过程中的困惑主要是什么？</td><td>引导学生提出自己的问题与困难</td></tr>
<tr><td>问题⑤：要想解决存储海马斯火箭炮数据的文档数据库的数据模型该如何描述？</td><td>强调 Json 语法的使用方法</td></tr>
<tr><td>问题⑥：文档数据库的存储逻辑结构是什么？</td><td>文档的概念</td></tr>
<tr><td>问题⑦：文档嵌套的概念是什么？与关系数据库中外键是否有异曲同工的作用？</td><td>解决复杂关系</td></tr>
<tr><td>问题⑧：再次回到项目本身，解决问题</td><td>利用 MongoDB 实现实际操作</td></tr>
</table>

(3)利用大数据教学平台开展教学，记录过程数据，进行成果展示。在开展 PBL 教学方法的过程中，学生在理论层面完成相关概念地图的学习后，接下来就可以在大数据教学平台进行项目实践工作。通常情况下，PBL 教学方法的最终目的是完成项目任务，而最终目标则是实现对概念的掌握与运用。因此，本书认为针对计算机类（特别是偏重于实践应用、技术原理贴近前沿）的课程，最好能有一个完善的实验平台可对整个项目的完成过程进行记录，并能让学生感受到最终的项目成果。

一般项目是以小组为单位进行的，因此大数据教学平台通常需要具备“一人一机器，一项目一环境”的功能。这样既可以记录项目完成中的过程数据，又可以为后续的学生评价提供数据支持。实训平台如图 2-2 所示。

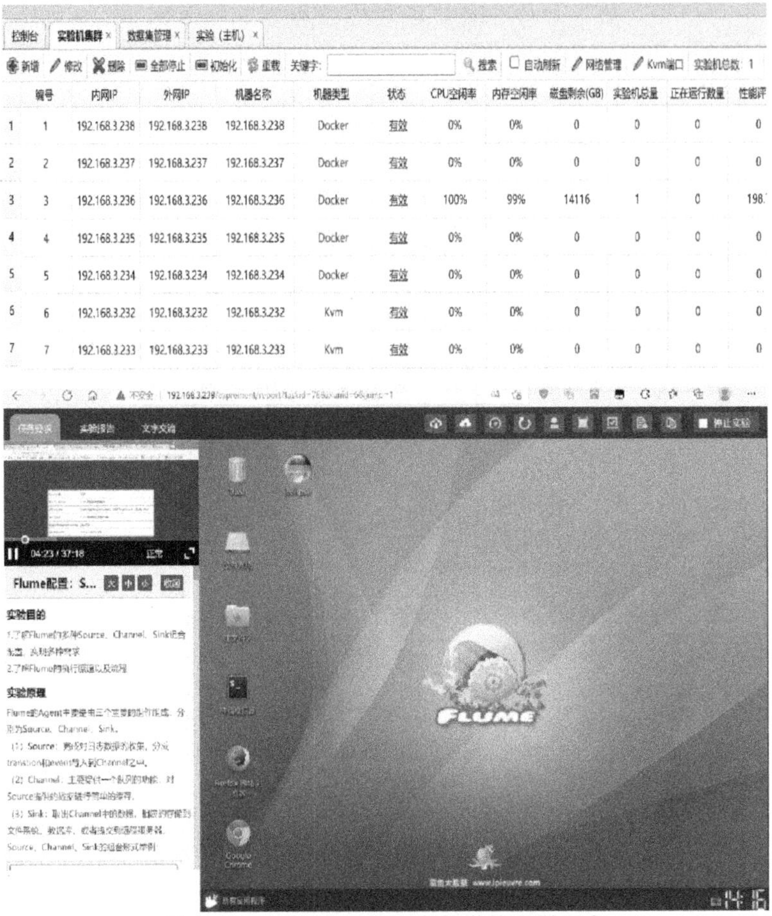


**图 2-2　课程开展项目式教学的实训平台**

(4)针对项目式教学模式的教学效果评价。在学生完成项目后，或者在完成项目的过程中，教师可以通过以下方法对学生的学习效果进行评价。例如：观察法，即观察学生在项目实施过程中的表现，包括他们的学习态度、合作精神、技能掌握等方面，以此了解他们的学习效果；成果评价法，即通过评价学生的项目作品或成果，了解他们对知识和技能的掌握情况，以及他们解决实际问题的能力；小组讨论法，即组织学生进行小组讨论，了解他们对所学知识的理解和掌握情况，以及他们在解决问题时的思考和协作能力；自我评价法，即让学生对自己的学习过程和成果进行自我评价，从而让他们更清晰地认识到自己的能力和不足之处，并以此为依据进行改进；他人评价法，即通过其他学生或教师对学生的评价，了解学生的学习效果和技能水平，以及他们在团队协作、交流沟通等方面的表现。

以上方法都是基于定性的评价，可以作为教学效果的一部分构成要素。同时还要进行定量的评价。在本课程中可以利用线上平台，例如课程组架构的大数据实训平台，对比学生前测、后测数据，从定量的角度评价此次 PBL 教学方法的使用是否有利于培养学生的大数据计算思维的形成以及解决实际问题能力的提升。

# 第三章　教学设计

## 第一节　教学设计概述

教学是一门科学。著名的教育家叶圣陶说过：教学有法，教无定法，贵在得法。所谓“有法”，是指教学有一定的规律可循；所谓“得法”，是指我们要遵循教学的基本规律。“三分教学、七分设计”，教学设计是教学实施的前提。随着教育理念的变革和教育技术的发展，面对高素质、专业化人才培养的要求，如何遵循教学的基本规律是我们面对的现实问题，而教学设计是解决这个问题的关键。

### 一、教学设计的内涵

1900 年，美国教育家杜威提出发展一门学习理论和教育实践的桥梁科学。这是教学设计的最初萌芽。教学设计的产生可以追溯到第二次世界大战过程中以及战后美国一些军事训练的教学活动。为了提高教学质量，有关心理学家提出了一系列学习的原则和策略，视听专家将这些原则和策略应用到教学媒体中，于是教学设计便产生了。进入 20 世纪 50 年代后，教学设计得到西方教育界有关专家和心理专家的高度关注和重视，斯金纳、布鲁纳和奥苏贝尔等先后将行为主义心理和认知心理学运用到教学活动中，创立了教学设计学科，将行为主义学习理论和程序教学等教育教学理论应用于教学实践。自此，教学设计得到了迅猛的发展。到了 20 世纪 80 年代，以加涅等为代表的第一代教学设计理论已较成熟。到了 90 年代以后，以情境教学、认知科学、多媒体技术相结合的第二代教学设计理论逐渐兴起。教学设计理论的长足发展与教学实践紧密结合，逐渐形成了多种多样、各具特色的教学设计模式。相比之下，我国的教学设计理论研究起步较晚，但发展迅猛。20 世纪 90 年代中期之后，相关研究人员将教学设计理论应用到具体的教学实践中，取得了很好的效果。进入 21 世纪，信息技术的迅速发展及其在教育中的应用重新界定了教与学活动，移动与泛在学习已成为当下最常见的学习方式之一，学习将拥有更大的灵活性、易得性、即时性、交互性和合作性，为教学设计的变化带来更大的连锁效应，同时也对教学设计提出了新的要求。

许多学者对教学设计研究的目的和看法不同，认为其在内容上的选材和表现形式也不同，有的侧重于整个教学系统，有的偏重于课堂开发，有的侧重于多媒体技术，等等。有的观点认为，教学设计就是在系统科学的观点和方法的指导下，依据现代教学理论和教师的经验，对教学活动进行规划和安排的一种可操作的过程。我国著名的教育学家乌美娜认为：教学设计是运用系统方法分析教学问题和确定教学目标，建立解决问题的策略方案、试行解决方案、评价试行结果和对方案进行修改的过程。美国著名教育技术与设计理论家、教育心理学家戴维·梅里尔等人在发表的《教学设计新宣言》中对教学设计所界定的概念，引起了人们的普遍关注，他们认为教学是一门科学，而教学设计是建立在这一科学基础上的技术，因而教学设计也可以被认为是科学型的技术。史密斯和雷根合著的《教学设计（第三版）》对教学设计下的定义是：教学设计这一术语，指的是把学习与教学原理转化成对于教学材料、活动、信息资源和评价的规划这一系统的、反思性的过程。按照以上观点和理论，教学设计就是运用系统的方法，将学习理论与教学理论的原理转换成对教学目标、教学内容、教学方法和教学策略、教学评价等环节进行具体计划的系统化过程，根本目的是促进学生的学习。

课程教学设计的基础是教学大纲、人才培养方案和课程教学计划，对于它们的地位和作用，可以这样理解：一是功能不同。教学大纲重在宏观规范、要点管控，主要规定课程和专业教学的基本标准；人才培养方案是依据教学大纲结合人才培养要求制定，主要规定各专业人才培养目标、课程设置、教育训练计划；课程教学计划是依据教学大纲和人才培养方案相关要求，结合人才培养目标、保障条件等具体情况，针对某一课程教学全过程的具体计划与安排。二是制定、颁发权限不同。教学大纲包括通用教学大纲和专业教学大纲，一般由院校管理机关统一颁发；人才培养方案由院校根据教学大纲的要求进行制定，报相关部门备案；课程教学计划由院校组织制订，由院校领导批准实施。三是更新频度不同。教学大纲保持相对稳定，根据形势任务发展和培训对象实际适时修定；人才培养方案依据教学大纲的调整和现实需要进行系统更新；课程教学计划根据教学的具体情况来制订。

从逻辑上讲，课程教学设计是根据课程教学计划，针对某一课程的具体教学任务，对教学全过程进行设计规划的过程。具体体现在三个方面：一是计划性，它是把教学原理转化为教学材料和教学活动的计划；二是目标性，它是实现教学目标的计划性、决策性活动；三是主体性，它是提高学生获得知识、技能、思想效率的技术过程。根据以上认识，对课程教学设计的要求是教学目标明确、学情分析准确、内容安排合理、实施方法科学、考核评价有效。从某种意义上讲，课程教学设计是教案，而且是非常重要的教案。

总体来说，教学设计是指教师为达成一定的教学目标，以现代教学理论为基础，依据教学对象的特点和教师自己的教学观念、经验、风格，运用系统的观点与方法，分析教学中的问题和需要，建立解决问题的步骤，合理组合和安排各种教学要素，为优化教学效果而制定实施方案的系统的计划过程。从某种程度上说，广义的教学设计指的是教学系统设计，包括分析、设计、开发、实施与评价几个阶段，狭义的教学设计是指对某一门课程、某一教学单元或某一课时所进行的设计。

## 二、教学设计的目的

古人说：凡事预则立，不预则废。也就是说，无论做什么事都要预先谋划，事前设计。对于教学同样如此，科学的教学设计既是体现教育目的性、计划性、针对性的必需，又是顺利实施教学方案、调控教学过程的前提，也是确保教学效果、提高教学质量的保证。教学设计是教学理论与教学实践之间的一门桥梁学科，掌握和熟悉这门学科具有重要意义。总体来说，教学设计的目的体现在以下几个方面。

教学设计是实施有效教学的前提和基础。教学活动是一种有目的、有计划的特殊认识活动，为达到教学活动的预期目的，减少教学中的盲目性和随意性，就必须对教学过程进行科学的设计。通过教学设计，教师可以依据学习目标和学生的特征，采用有效的教学模式，选择适当的教学媒体和方法，实施既定的教学方案，保证教学活动的正常进行。

教学设计有助于教学工作的科学化、系统化和规范化。教学过程虽然也有教学设计的成分，然而这种教学设计只是教师在多年教学经验基础上，自觉或不自觉地运用教学设计的有关原理，不乏主观意向和随意性，在一定程度上缺乏系统的科学性，致使教学效果不甚理想，事倍而功半，教学设计可以帮助教师解决这种问题。教师根据教学设计理论，对教学全要素进行理性思考，系统而科学地将教学目标、教学内容、教学条件以及学生特征等各种因素进行有机整合，通过教学设计，准确掌握学生学习的初始状态和学习后的状态，便于有效控制教学过程，优化教学效果并提高教学绩效。如此一来，可以使教学不仅有效果、有效率，而且更富有吸引力。

教学设计有利于发展和完善教师业务素质结构，提高教师教育教学能力。现代课堂更加关注学生主体性的发挥，关注现代教育技术的运用，这给教师提出了新挑战，无论是青年教师还是老年教师，都需要更新教育观念、提高教学技能。每个教师在自己教学实践过程中，都会形成独特的、适合自己的教学风格，教学设计依据教师的教学风格、业务素质、心理特点、教学特长等各因素的不同而不同。教学设计一方面可以促使教师认真学习教学设计理论，提高自己的理论水准和丰富自己的知识结构；另一方面促使教师从具体的教学实践中，不断总结经验，丰富教学设计的内涵。通过教学设计可以实现新理论、新方法的有效运用，提高教师的综合素质和教学能力，促进教师的整体业务素质得到完善和发展。同时，教学设计也可促进教学设计理论的传播，充分发挥其桥梁作用，从而发展和完善教师整体业务素质，促使教师由工具型教学工作人员向科研型教学工作人员转变。

教学设计可以促进教育技术学的发展。当前，教育技术和多媒体技术的发展使各级各类学校的教学发生了很大变化，逐步形成了方便、快捷、准确的信息化教学系统，大大拓宽了受教育者的范围。随着教育技术向纵深发展，它虽然没有改变教学过程的实质，但逐渐改变了教育过程的模式、组织序列以及分析和处理教育教学问题的思路，例如，有的学校已经取消了传统的教学媒体或工具(如黑板、粉笔等)。通过学习教学设计的原理和方法，与现代教育技术的结合，教师以及教育工作者可以更好地利用教育资源，编制出更多、更优秀的信息化教学资源和多媒体教材，从而促进教育技术的发展，这对提高人才培养质量有着重要的意义。

## 三、教学设计的分类

“教学有法，教无定法”，由于不同的教学目标、教学内容、教师素养、生源素质和教学环境，导致教学方法可能大相径庭，由此也产生了不同的教学设计。根据教学设计的过程的不同，可以将教学设计分为经验型教学设计、程序型教学设计和系统型教学设计。经验型教学设计是教师根据自身的教学经验、知识水平和教学条件等设计教学过程，是一种传统的教学设计。这种教学设计不但受到教师本身经验和知识水平的限制，而且要使之达到完善，还需要长期工作经验的积累。程序型教学设计是美国心理学家根据刺激—反应学习理论提出的教学内容序列化的教学设计方法，这种教学设计方法依据小步原则、积极反应原则、即时强化原则、自定步调原则和低错误率原则进行程序化的教学设计，在策略上注重对教材的分析，把教材分解得非常细致，在某种程度上破坏了教材的连贯性和整体性，在教学方法上注重于知识的灌输，缺乏师生之间的交流和学生之间的探讨，因此不利于创造性思维的培养。系统型教学设计以传播理论和学习理论为基础，应用系统的观点和方法，分析教学中的问题和需要，根据教学目标、教学内容、学生的情况，合理利用教学资源，探索和规划教学过程中诸多因素的相互关系并进行合理组合，通过评价不断改进，以求得教学效果的最优。

从教学设计理论的发展过程来看，对于教学设计的认识主要有两种观点，相对应的也有两种教学模式。

一种是以教为主的教学设计，这种教学设计的观点认为知识是客观的，可以通过教师课堂灌输式的授课方式传递给学生，目的是把学生"教会"。根据这一理念，教学设计是围绕教师的"教"而进行的，教学设计基本以教为主，即面向教师的教，其主要内容是研究如何帮助教师把课备好、教好，是教师在实施教学前，运用相关的教学理论与技术，通过对教学过程各要素的分析研究，做出的关于教学目标、形式、顺序、结果的科学计划和构想，重点关注如何指导教师制订教学计划。这种以教为主的教学设计也称传统教学设计，在传统的教学中普遍存在。它有利于教师按教学目标的要求来组织教学，有利于教学的组织管理和教学过程的控制，教学效率较高，有利于教师主导作用的发挥，且对教学环境的要求比较低。但是，这种教学设计的缺陷也比较明显，以教师为中心，只强调教师的"教"，而忽视学生的"学"，全部教学设计理论都是围绕如何教而展开，很少涉及如何促进学生自主地学。按这样的理论设计的课堂教学，学生参与教学活动的机会少，大部分时间处于被动接受状态，学生的主动性、积极性难以发挥，更不利于创新型人才的培养。

另一种是以学为主的教学设计，这种教学设计的理论基础是构建主义的学习理论和教学理论，其观点认为学生的知识不是通过教师传授得到的，而是学生在一定的情境即社会文化背景下，借助其他人的帮助，利用必要的学习资料，通过意义建构的方式而获得的，其学习过程是通过人际的协作活动而实现意义建构的过程。因此，有效的教学是尽快使学生明确学习目标，刺激学生学习的主动性和积极性，增强学习的信心，引导学生自觉探究知识，同时尽量减少不必要的学习负担，提高学习效率，重点关注的是教学目标的达成。基于这种教学理念，教学设计要紧紧围绕教学目标的达成，以学生的"学"为中心，对教学全过程进行系统规划。这种教学设计由于强调学生是认知过程的主体，因此有利于学生的自主探究、自主发现，有利于创新型人才的培养，这是其突出的优点。但是，这种教学设计在强调学生自主学习的同时，往往忽视教师主导作用的发挥，忽视师生之间的情感交流和情感因素在学习过程中的重要作用。由于忽视教师主导作用，学生在自主学习过程中很容易偏离教学目标的要求，这是其不足之处。

还有一种教学设计是介于以上两者之间的教为主导—学为主题的教学设计，总体思想是教师通过教学意图和教学策略影响学生，把学生置于主体地位，使学生成为学习的行动者。这种教学设计既充分体现出教师的主导地位，又充分体现学生学习的主体地位，既注意教师的“教”，又注意学生的“学”，把教师和学生两方面的主动性、积极性都调动起来，最终目标是通过这种新的教学设计思想来优化教学过程和教学效果，不仅有利于学生知识技能和创新能力的培养，而且有利于学生健康情感和价值追求的培养。缺点是对教学环境要求较高，需要教师周密策划，否则可能顾此失彼。

## 第二节　教学设计的基本原则

教学设计是对教学过程的统筹规划，是教学活动的先导，具体来说是教师运用系统的观点方法，根据教学要求和教学对象的特点，将有关教学的要素进行综合分析，对教学方案进行系统规划与设计的过程。现代教育研究成果认为，有效的教学方法必须建立在适当的情景中，通过学生主动学习，让学生“学会”。美国的教育心理学家加涅在《教学设计原理》一书中曾经提出，教学设计必须以帮助学习过程而不是帮助教学过程为目的。一般情况下，教学设计要把握好以下几个方面的原则。

### 一、目标导向原则

教学设计是一种有目的的活动，它是达到目标的一种方式，这种目标就是教学的目的或教学目标。教学目标是教学设计的首要依据，是教学设计的基础。因此，教学设计的前提是根据教学大纲和人才培养方案的要求，准确把握课程定位，明确课程教学目标。教学目标可分为显性目标和隐性目标。显性目标是对学生掌握相应知识和具备相应技能的具体要求，主要通过教学内容来体现，通过课程考核来检验。隐性目标是对学生思维方式和思想情感与价值追求的培育，主要通过教学过程来实现。一般情况下，对于显性目标的实现都比较重视，也容易评价，在大多数课程的教学设计中都能给予充分的考虑，而对于隐性目标往往容易忽略。对于军队院校教育来说，它所灌输的一种心理定式是要求学生不管面临的挑战有多困难，都要具备不达目的决不放弃的信念，还要培养学生勇猛善战的作风，这种目标的实现是通过教学过程完成的，因此隐性目标对于军队院校教育显得尤为重要。优秀的教学设计必须坚持目标导向原则，而且必须兼顾显性目标和隐形目标。

### 二、整体系统原则

教学设计是一项系统工程，所涉及的内容包括教学目标、教学内容、教学对象、教学方法、考核评价等多个要素，各部分相互独立又相互依存和制约，组成一个有机的整体。在教学设计时，需要系统地安排教学环节和教学程序，从分析和设计教学目标开始，到选择教学方式、方法及媒体，最后到对教学目标的检验和教学效果的评价，这期间所有的教学步骤必须相互衔接和相互呼应。根据系统理论，系统整体功能优化、提高的关键是从系统组成单元联系角度进行优化和改善，因此教学设计不能把几个要素和过程单独割裂开来，必须遵循系统性原则，在突出教学目标主导地位的基础上，对教学内容的确定、教学方法的选择、教学过程的实施和教学效果的评价进行整体设计，将有关要素和过程形成一个有机的整体，做到整体与局部协调一致，达到教学系统的整体优化。对于当前条件下的智慧教学来说，所涉及的要素更多，过程更复杂，因此更需要把握好系统性原则，以期达到整体系统的效益最优。在教学设计中，还必须考虑所有影响教学效果的因素，如社会和国家的要求、学生的身心发展特点、教材、教具和独特的施教环境等，只有将教学的诸多因素和谐地统一于教学设计之中，才能达到优化教学设计的目的。

## 三、学为主体原则

学为主体突出强调学生实践活动方法的使用，注重学生探究学习方法的使用，还注重学生合作交流的方法，核心理念是“自主、合作、探究”。教学的目的是培养学生。学生是学习认识活动的主人，是教学活动的主体。在整个教学活动过程中，无论是经验知识的获得，还是智力、能力的提高和发展，教师都无法代替学生，作为外因的教师必须通过作为内因的学生才起作用。传统的教学模式大多以教师为主，教师主导教学过程，学生在教师主导授课的基础上被动学习，针对性不强，师生之间互动少，教学效果并不理想。新时代的教学强调以学生为中心，把提升学生的知识、能力水平和精神文化品位贯穿于教学的全过程、全方位，更加关注学生的现实需要和未来发展，更加注重学生的能力培养，更加重视学生思想情感与价值追求的培育，使学生由被动的接受性客体转化为积极主动的中心和主体，使教育的过程成为学生自主自觉的活动和知识重构的过程。在教学设计中充分运用现代化的教学方法，充分考虑学生的主体地位，在教学过程中有针对性地引导学生自己主动提出问题、自己主动思考问题、自己主动解决问题，把知识的单向传输转变为双向交流，把传授知识转变为能力培养，充分发挥学生的主观能动性，充分体现学生在教学活动中的主体地位，把教师“教”的过程转变为学生“学”的过程。

学为主体的教学设计还包括教学情境的营造。教学情境不仅包括教学发生的具体的物理空间，还包括作为教学过程本身一部分的社会环境。以学生为中心的教学情境设计主张在真实的情境中呈现问题，所呈现的问题对学生具有一定的现实意义，并且应该是日常知识的应用中常见的，即“真实地学习”。真实的情境有利于增强理论与实际的联系，从而激发学生自主学习、主动探究的欲望，培养学生的学习兴趣，提升学生的思维能力和创新意识。

我国古代教育家孔子有五大教育理念，其中之一就是学思并举、举一反三，其观点就是让学生动脑子，要达到触类旁通、融会贯通，实际上就是学为主体的体现，通俗地讲，就是让学生成为学习的主角，让他们在听课过程中有一定的压力，在压力驱动之下动脑思考。如果学生听课就像听相声、看电影那样轻松，那就没有达到效果。课堂不是剧场，讲台不是戏台，学生在课堂上听课不能像在剧场中看戏，教师在讲台上的角色也不能像舞台上的演员。如果教师在课堂上讲得津津有味，而学生没有听懂，这样的课堂不是有效的课堂。真正有效的课堂，必须是以学为主体或者以学为中心的课堂，因此教学设计必须体现学为主体。

为了保证这种教学设计模式不流于形式，教学设计还应注意以下几点。一是要充分考虑智慧教学。随着信息技术的不断发展，网络资源不断渗透到人们生活、学习的各个角落，依托互联网、云计算、移动通信、大数据分析等新一代信息技术构建的具有智能化、互动化、协作化、自主化的新型教学模式得到广泛应用，拓展了人们获取知识和信息的方式，也带来了教学模式与教学方法的变革。由智慧教学所带来的新型教学形态和教学模式，已经在教学活动中得到广泛应用，网络教学资源在教学活动中发挥了重要的作用，已经打破了学习时间与空间对学生的束缚。因此，面对新形势下教学模式与教学方法的变革，在教学设计中要积极贯彻智慧教育理念，把智慧教学应用到课程教学过程中，通过智慧教学，打造高效课堂，提高教学效率。二是要考虑教学模式的多样性。学生们的个性千差万别，教学活动应该采用多种多样的教学模式，根据具体的教学情境，结合学校、学生的具体的特点，去鼓励、激励、促进每一位学生发展。当然，人类教学发展至今，创造了丰富多彩的教学模式，每一种教学模式都有优势，也有局限。教学设计在具体实施的过程中，要辩证地看待每一种教学模式的特点。三是要考虑教学内容的丰富性。教学中倡导“用教材教”，而不是“教教材”，教学内容涉及课堂内外、学校内外以及由互联网链接的整个世界，这为教学设计的课程内容提供了广阔的空间，在对无限广阔、海量无穷的课程资源进行借鉴、整合时，要立足课程标准，抓住学科特色，设计出符合学生认知逻辑的优秀教学设计。

## 第三节　教学设计的主要内容

教学设计的主要内容就是在准确把握课程定位的基础上，根据教学大纲和人才培养方案对课程的要求，明确教学目标、充分分析学情、规划教学内容、设计教学策略、设计考核方法，对涉及教学过程的全要素进行合理规划与安排。在实际过程中，主要考虑以下五个方面。

### 一、教学目标

教学目标是教学设计的首要依据，是教学设计的“灵魂”，也是教学设计的基础，它支配和引领着教学设计的其他各个环节，是促进核心素养落地的关键因素和有效抓手。科学的教学设计首先源自教学目标制定的理性化，即把确定课堂教学目标视为一个需要深思熟虑、系统谋划的研制过程，制定真正适合学生发展实际并能有效引领学生不断投入学习的学习目标。因此，课程设计中必须根据教学大纲和人才培养方案的要求，明确课程的教学目标。

在日常的教学设计中，很多教师的侧重点更多地放在了教学内容和教学过程上，而不是教学目标上，由于缺乏对教学目标深思熟虑的界定，导致教学过程主观随意性强，课堂教学时间浪费严重，教学效果显得无效、低效。尽管在教师公开展示的教学设计中经常能清楚地看到教学目标说明，但它往往是一种形式上的陈述和强调，无法发挥对实际教学的贯穿和引领作用。由于许多教师在实际备课中将教什么和怎么教作为思考重点，因此也自然而然地会从教师视角去界定教学目标，往往把教师所要完成的教学内容、所要采取的教学方法以及所要传授的思想和价值作为实际教学目标。教学目标界定中的“主语错位”会导致以教师、书本和知识为中心的实际课堂教学活动，学生在课堂上无法积极主动地参与，这种被动学习状态从根本上限制着学生综合素质的提高。

还有一种误区是将教师教的目标转变为学生学的目标，但目标往往又聚焦于学生对零散知识点的记忆和对解题技能点的灵活运用上，而对于体现在学科内容知识背后的基本观念、思维、方法、思想和价值旨趣却很少关注。有知识、没能力、缺品格是现行学习目标存在的最普遍、最突出的问题，可以说，它们体现的都是为了知识的教育，而提炼为素养的方法、能力、态度等却被弱化、被边缘化了，甚至不见踪影。缺乏对学生深度学习结果的目标预期，就容易导致课堂教学中出现“就内容教内容”或“为活动而活动”的现象。因此，教学设计必须改变只重视教师立场的形式性陈述目标的现状，要真正将对学生学习目标的研制置于教学设计思考的中心，确立从发展学生核心素养立场出发的素养型教学目标。首先，教学目标是对学生经历知识习得过程后的学习结果预期，而非对教师所要教授内容知识的设定。具体来说，它是对学生能够运用所学知识进行的内部心理操作和外部行为能力的描述，通俗地讲，就是学生习得相关知识之后能够理解什么和能够做什么，它是学生真正掌握知识的结果性证据，是制定学习评价标准的基本依据。其次，教学目标是指向深度学习结果而非浅层学习结果的目标，是在知识、能力培养的基础上包含了情感、态度和价值观的高阶心智操作才能达到的表现水平，而浅层的学习结果预期通常表现为对事实性知识的记忆或程序性知识的常规运用水平上。同时，教学目标又是长期目标和短期目标的有机组合。长期目标主要包括学生对所学知识蕴含的基本观念和意义价值的深入理解能力，以及基于这种理解自主运用所学知识解决复杂情境问题的灵活迁移能力。短期目标是服务于获得理解能力和迁移能力的必备知识基础，主要是在实现长期学习目标的过程中以一种有意义的“附带学习”形式间接获得的。

具体来说，课程教学目标一般可分为总目标和分目标。其中总目标是对课程教学目标的总体描述，是对学生学习预期效果的综合概括，是培养目标在课程上的具体体现。分目标是总目标的细化，是总目标在知识、能力、素质三个方面的体现，表述方法要可理解、可测量。逻辑关系是分目标支撑总目标，是对总目标的分解。一般分三个层次分述。表述方式有两种。第一种表述方式为按知识、能力、素质三个层次分述。第二种表述方式为按知识与技能、过程与方法、情感态度与价值观三个方面表述。在表述方式上要注意行为主体是学生，不是教师；行为动词与教学大纲、人才培养方案的表述保持一致。

## 二、分析学情

根据学为主体的原则，为保证教学设计具备较强的针对性，在进行教学设计之前，必须面向学生进行调查分析。学情分析是对学生知识基础、优势劣势、认知能力、学习特点、思维方式、心理状态等方面的分析。没有学情分析的教学是盲目的教学，是教师一厢情愿的自我表演，只有针对学生的具体特点，才能合理选择教学内容、科学运用教学方法，做到有针对性的教学，同时对教学过程中可能出现的问题提出有效的应对措施，因此合理的学情分析是对“学为主体”教学理念的具体落实。有效的学情分析的具体要求是针对性强，分析方法有效，分析精准到位，能准确预判学习难点及其对实现目标的影响。

学情分析主要是对学生现有的知识和能力水平、学习动机欲望、心理发展阶段、学习习惯与认知方式、学习风格等方面进行分析，得出与教学对象有关的第一手数据，包括与本课程关联紧密的其他课程的学习情况、学生成绩分布情况。成绩好的学生固然问题不大，但对成绩差的学生的了解是积极有用的，可以对导致成绩差的原因进行深层次剖析，提出切实可行的解决方案，有条件时，可采用学生座谈会、班级问卷调查等方式，了解学生对即将开课的专业课程的期望和评价，以及对教师的期望和要求等，通过分析和整理这些一手数据，全面获得学生的心理状态、兴趣特长甚至思想负担、负面情绪等。目的是根据学生的共性特点和差异性特点，恰当安排教学内容、选择教学方法和媒体。具体来说，是针对所要开课的具体班次的学生，对其知识基础、优势劣势、认知能力、学习特点、思维方式等方面的分析。具体要求是针对性强，分析方法有效，分析精准到位，能准确预判学习难点及其对实现目标的影响。

必须强调的是，学情分析是学为主体教学的基础，学为主体的教学设计不能被简单地理解为把课堂完全还给学生以使其自发自由地活动，而是意味着教师的专业责任在于为学生策划出具有“深刻思想性”和“高度价值性”的学习活动。实践表明，真正促进个体素养发展的活动必须符合学生的需要和兴趣，能够促使学生能动活动，不能仅仅是纯粹的身体活动或心理活动，应该是身心统一的文化性活动，相对于主体的心理发展水平而言具有一定难度的活动，文化性的能动活动量应达到一定程度的积累。因此，整体来说，教师策划的教学活动必须是能引发学生能动参与且具有思想性和价值性的文化学习活动，否则，课堂教学就必定会流于表面，学科知识的育人功能将难以发挥，而做到这些，学情分析是基础。

## 三、教学内容

教学内容设计是依据教学大纲和人才培养方案对课程的要求，围绕教学目标的达成，对教学内容进行的规划和安排。具体来讲，是教师通过分析教材，合理选择和组织教学内容，分析内容的重点、难点、特点，以便采取适当的教学策略。还包括教学内容的时间进度安排，基本要求是教学内容结构合理，逻辑清晰，衔接有序。强调教学重难点突出，时间分配合理，教材选用合理，教学内容动态更新。

在传统教学设计中，教学内容基本上直接取自教材编排中的事实性知识和技能，即日常教学中经常强调的作为知识点和技能点存在的结论性知识，因此传统教学设计非常重视学生对学科知识的掌握，而且认为教学效果与学生获得知识正相关，有些教师盲目甚至错误地理解“创造性使用教材”，一味扩大对知识的理解，将相关和不相关的内容都与知识扯上关系，随意增加教学内容，以为内容越多越能培养核心素养。实际上，这些内容对绝大多数学生来说就像一堆孤立零散、缺乏内在意义和结构关联的信息碎片或僵化教条，既缺乏联通个体经验的作用，又不具有现实的生活价值，很难真正激发学生对所学知识的主动关注和深入思考。这样的教学内容设计实际上是实现了知识在学生头脑中的堆积，这些知识对他们来说缺乏内在的个人意义，学习知识仅仅是为了将它们储存起来以便熟练运用于考试环境或简单的非结构化情境中。这样的教学内容安排只能导致学生头脑中堆积越来越多的“惰性知识”，而且这种“惰性知识”对学生来说是去情景化和无意义的。这种机械式记忆的知识无法实现向复杂性情境的迁移和运用，也无法借此创造出新的知识，更无助于学生的能力培养，甚至还会增加学生的心智负担。

随着社会各学科知识的爆炸性增长，教学内容的选择已经逐渐成为教师在课程教学设计中面临的巨大挑战。从逻辑上讲，课程教学设计应该以教学目标为导向，根据学生现实与未来需求选择确定教学内容，因此，教学内容的设计必须考虑学生可实施的能动性学习活动，需要教师对教材的内容进行创造性转化，在教师经验和教材文本之间创建出能够被学生接纳、吸收并与教学目标相适应的教学内容，这是整个课程教学设计的重要内容。

## 四、实施策略

教学实施策略是教学设计的核心，实际上是教学内容表达或呈现方式的设计。教学实施策略的选择既要符合教学内容、教学目标的要求和教学对象的特点，又要考虑在特定教学环境中的必要性和可行性，全方位、多角度衡量多种因素，规划合理的教学活动。基本要求是实施路径清晰，过程安排合理，教学方法科学，手段选用恰当，教学资源运用充分，有效解决重难点问题，落实课程思政要求自然得体。教学实施可选择教学的方法很多，例如：讲授式，老师讲，学生听；启发式，采用启发诱导方法传授知识、培养能力，促使学生主动学习；情景式，创设场景激发学习兴趣，把认知活动和情感活动有机结合；混合式，传统教学方法与信息化教学方法结合，优势互补。除此之外，还有案例式、翻转课堂式等。

教学活动是教师采用一定的教学方法和手段指导学生通过认识教学内容而认识客观世界的过程。实践证明，仅仅依靠直接讲授无法使学生高效地获得对知识的理解和灵活运用，要通过一定的教学实施策略来实现这一目标。教学实施策略是对完成特定教学目标而采取的教学顺序、教学活动程序、教学方法、教学组织形式和教学媒体等因素的总体考虑，教学方法、教学手段、教学程序的选择过程就是教学策略的设计过程，这个选择过程是为了实现教学目标而进行的，是教学设计中的重要一环。教学实施策略要与教学内容相适应，不同的教学内容应采用不同的教学策略，同时要对不同的教学对象进行具体分析，根据学情特点和学生响应及时调整，通过教学全过程多样化数据的采集，采用相关性分析和主因素提取方法开展学情评估、学生思维特点评估和教学策略评估，实现针对学生差异性、个性化学习的精准指导和对教学策略的动态调整。在这个过程中，要注意把握以下几个方面。

一是要引导学生步入问题的情景。问题情景是指个体能够觉察到的“有问题但不知如何解决”的心理困境。人的学习是不断发现问题、分析问题、解决问题，然后再去认识更深层次问题的过程，因此在课堂教学中引导学生步入问题情景是实施探究性学习的关键。问题情景的产生必须依赖于问题，但并不是所有问题都能使学生产生心理困境，过易和过难的问题都不能有效地激发学生的思维，只有那些难易适度、有助于学生形成“心求通而未得”的问题，才是构成问题情景的最佳素材，才能激发学生积极地思考。生动有趣而又富有启发性的问题，与学生的知识经验有一定联系、但凭已有的知识又不能完全解决的问题，以及在新旧知识的结合点上产生的问题等最能激发学生的认知冲突，也最能驱使学生有目的地探索。因此，教师在教学中要有意识地去创设一个与课程内容紧密相关的学习情境。所谓学习情境，就是一个案例化的、具体任务化的学习单元，它把理论知识学习、实践技能训练、职业素养养成、实际应用环境保障结合在一起，既是教师引导学生主动学习的教学安排，又是学生对专业行动情境的反思，可以引导学生有针对性地学习。科学合理的学习情境设计可以有效地提高学习的时效性和实用性，因此，课程教学设计过程中除需完成行动领域到学习领域的转换外，还要考虑学习领域到学习情境的具体转化。在学习领域到学习情境的转化过程中，既要注意把理论知识、实践技能与实际应用结合起来，也要把能力目标、能力结构与职业行动结合起来，同时还要把学习效果、考核方法与拓展创新结合起来。为此，课程设计者要按照“可迁移性、可转换性、可操作性”的原则选择学习载体，按照“基于行动导向、务实选择载体、注重能力培养”的原则设计学习情境。

二是要引导学生探究问题、解决问题。探究问题、解决问题是课堂教学的中心环节，这一环节必须充分发挥学生学习的主动性，让学生自己去分析和解决问题。组织解决问题的方式有许多种，如启发讲授式、引导探究式、自学讨论式等，无论采用哪种教学方式，都要重视引导学生开展讨论与交流，因为讨论有利于调动全体学生投入自我探索的积极性，有利于师生间、生生间的情感沟通和信息交流，在讨论中往往又会发现新的问题，从而形成新的讨论。通过讨论解决问题，达到夯实知识基础、培养思维能力、发展综合素质的目的。

三是要促进学生的知识迁移。通过解决问题这一环节以后，学生对所学知识有了初步的了解，在此基础上，要引导他们应用知识，以巩固所学知识，促进知识的迁移，化知识为能力。知识应用主要包括尝试性练习和创新应用性练习两种类型。尝试性练习主要是知识的再现性练习，目的是让学生在课堂中有更多参与学习的机会，练习题主要针对学生学习中容易出错之处而设计，以进一步加深学生对基础知识的印象。创新性练习则是在学生理解和掌握新知识的基础上，综合运用所学新知识和原有知识，创造性地解决新的问题，同时引导学生对解决问题的过程和方法进行总结和归纳，不断提高学生解决问题的能力。从学生的自然成长过程来看，真正有用的生活能力是在不同类型的学习实践活动中逐渐锤炼出来的。这就要求在教学设计中必须改变学生活动过于集中在静听静看、机械记忆、强化训练等被动单一活动的现状，而要有机融入搜索中学、设计中学、调查中学、交往中学、研讨中学、展示中学、服务中学等各种主动学习活动类型，努力为学生创造类型多样的丰富学习活动体验。正是在这些丰富多样的学习实践活动中，学生才能以各种自然的学习方式获得广泛而又具体的相关知识技能，并在实际运用所学知识技能的过程中提升创新能力和实践能力。

四是要引导学生反馈矫正。这一环节主要围绕所学知识中的重点和难点，通过对典型案例进行详尽的分析，讲思路、讲方法、讲技巧，对学生常见的解题错误加以分析并给出针对性较强的矫正题，帮助学生从带有普遍性的错误中汲取教训，从正反两个方面加强学生对基础知识的理解和对基本技能的掌握。这一环节要激发学生努力探究知识的欲望，鼓励学生大胆尝试和不断创新，建立一种师生互动、民主开放的课堂教学氛围，促进学生认知和情感的和谐统一，实现学生学习能力的全面发展。

五是引导学生整理知识。这一环节是学生学习能力形成和发展的关键环节，学生对所学知识进行系统整理的过程是一个积极主动的再学习的过程，是从整体上去思考、掌握知识的内在联系，并对自己的学习活动进行反思、调控和优化的过程。这对提高学生关于知识的概括能力、培养学生的元认知能力非常重要。在这一环节中，教师只是提供某些线索，引导学生分析新知识与新知识之间、新知识与原有知识之间的内在联系，之后让学生自己去总结、整理，找出其核心要素，然后围绕着核心内容将所学的知识进行综合概括、系统整理。

## 五、效果评价

教学效果的评价是对教学效果的全方位评价，是教学活动不可缺少的一个基本环节，它在教学活动中发挥着“指挥棒”的作用。评价的目的有两个：一是评价学生学的效果，考核学生知识掌握的情况和教学目标的达成情况；二是评价教师教的效果，为后续课程的持续改进提供借鉴。根据评价的目的，评价的要素也主要体现在教与学两个方面，具体评价需要综合考虑多方面的内容，包括学生对知识的掌握情况、能力的培养情况、综合素质的提升情况以及教师的教学手段的运用情况、整体教学效果的优劣。教学效果评价的基本要求是注重全过程考核评价，注重信息采集与运用，考核方式与成绩评定科学合理，问题反思与改进及时有效。为达到评价的目的，必须设计好合理的评价方法。对于学生学习效果的评价可以采用形成性考核和终结性考核的方式来检验。根据课程性质的不同，形成性考核与终结性考核成绩的占比可以有所不同。对于理论性较强的课程，其目的主要是考核学生对知识的掌握情况，这类课程的考核中，终结性考核成绩的占比要大一些。对于培养技能与能力的实践课程来说，考核的目的主要是检验学生对于技能的掌握情况和某种能力的达到情况，这类课程的考核中，形成性考核成绩的占比要大一些。对于教师教学效果的评价，主要是根据学生课上和课下的反馈情况、专家听课意见、同行间听课情况以及课程考核成绩等内容，由教师分析自己的教学工作并进行自我评价，通过自我评价反思自己整个教学过程，肯定自己在教学各个环节中的优势，发现问题和不足，优化教学过程，提高教学质量。

以上几个方面是课程教学设计的主要内容，除此之外，对教学资源的运用和其他一些需要说明的问题可以一并在课程设计中进行阐述。

## 第四节　教学设计样例

课程“导弹系统原理”是生长军官“装备技术保障与分队指挥（导弹）”专业和“防空装备技术保障（防空导弹）”专业的一门专业背景课程，在教学设计中，主要考虑了以下几个方面的内容。

### 一、课程地位作用

“导弹系统原理”是生长军官“装备技术保障与分队指挥（导弹）”专业和“防空装备技术保障（防空导弹）”专业列入教学大纲的一门专业背景课，是必修的考试课程。从逻辑上讲，它是连接前期科学文化课与后续首次任职课之间的桥梁和纽带，起着承上启下的作用。按照人才培养方案的计划，本课程之后是两个专业的分水岭：“装备技术保障与分队指挥（导弹）”专业的任职岗位为军械装备保障初级指挥与技术岗位，后续课程主要以导弹武器系统为主；“防空装备技术保障（防空导弹）”专业的任职岗位为导弹修理分队指挥与技术岗位，后续课程主要以防空导弹为主。在教学工作中如何掌握共同基础知识和专业运用之间的融合程度，在保持专业基础素质和创新能力培养的同时，提高专业运用的思维导向教育是在具体授课过程中必须面对的问题。尽管课程内容都是导弹系统的基本概念、基本组成、基本原理和基本特点，但在教学的具体实施过程中，教师要充分考虑专业的特点和后续课程的内容安排，采用与防空导弹相关的典型案例运用和问题提出的方法来解决，从而加强专业的针对性，因此，对课程定位的充分认识是教学设计的前提。

### 二、课程教学目标

“导弹系统原理”的教学总目标是针对部队专业技术军官和保障分队初级指挥军官等岗位人员，使他们通过本课程的学习，对导弹系统有一个全面、系统、完整的了解，对导弹武器系统的作战应用和保障运用有一个基本认识，熟悉导弹工程技术知识，初步具备用所学知识分析和解决部队导弹装备技术保障实际问题的能力。分目标分为三个方面，其中：知识目标是建立并确认导弹系统的基本概念、基本组成、基本原理和基本特点，对导弹系统有一个全面、系统完整的认知，为后续课程的学习打下基础；能力目标是具备系统的思维能力，能够辨识不同导引规律、不同制导方式、不同类型导弹的主要特征，初步具备分析和解决导弹装备技术保障实际问题的能力；素质目标是具有专业情怀和敬业精神，养成严肃认真的工作态度和求真务实的工作作风，树立强军报国的价值追求和敢打必胜的责任担当。知识目标是教学的显性目标，能力和素质目标是教学的隐性目标。总体来说，通过本课程的学习，学生能够将知识内化于心，将能力外化于行，将素质固化于魂。

## 三、课程授课对象

课程授课对象是生长军官高等教育生长军官三年级的学生，通过对某期学生的自然情况、入伍前的类别、个人爱好、学习期望等以及前四个学期所有课程的考试成绩分析发现，学生的主要特点如下。一是基础知识扎实。通过科学文化课和前期专业背景课的学习，具有扎实的基础知识和良好的信息化素养，思维敏捷，思想活跃，学习积极性高，接受新知识的能力强，对网络有浓厚的兴趣。从前四个学期的课程考试成绩看，整体成绩比较好，但是"电路分析基础"课程考核不及格率高达28%。在军事知识方面存在较大差异，大部分学生对导弹有浓厚的兴趣，但又缺乏对导弹的专业认知。二是思想活跃、求知欲强。生活在智能手机普及的时代，学生们无论是主动的还是被动的，总能从手机中了解一些有关导弹的新闻热点，因此学生对导弹一词非常不陌生，只是不知其所以然。甚至部分学生对军事新闻还很感兴趣，对热点问题热情较高，对课程的学习也有所期待。三是教育经历不同。学生来源主要有两部分，一部分是通过高考直接考入军校入伍的青年学生，另一部分是从部队考入军校的士兵学生，其中部分学生是大学生士兵。青年学生知识水平整齐，思想单纯，兴趣广泛，士兵学生知识水平差异较大，经过基层部队的任职后，特别珍惜军校学习的机会，学习积极性高。四是专业指向性强。本期学生的专业是防空导弹工程专业，后续课程主要以防空导弹为主，按照教战为战的要求，在相关案例的运用和选择上应当结合防空导弹专业进行，增强教学的针对性。

## 四、内容设计

在内容设计上，围绕教学目标，根据学情特点，按照"打牢基础，贴近部队，服务备战"指导思想和"精选经典，加强现代，跟踪前沿，注重应用"的原则，依据教学大纲和人才培养方案的要求，将60学时的课程内容规划设计为导弹总体概述、发射系统、飞行原理、弹体结构、动力系统、制导系统、引战系统、导弹武器系统等八个模块。其中，飞行原理、弹体结构和制导系统模块是教学的重点，同时飞行原理和制导系统模块又是教学的难点。根据课程教学内容体系复杂、内容繁多、各模块内容关联性弱的特点，在充分考虑各模块之间内在关系的基础上，以军事需求为牵引，从作战需求引出导弹的总体概述，然后结合导弹的作战过程，按照如何发射导弹、发射后导弹如何稳定飞行和持续飞行、如何精准飞抵目标、如何摧毁目标这样的思路将各类内容串联起来，形成一个有机的整体。在内容安排上，以导弹总体概述为起点，以导弹系统各组成要素为主线，系统分析导弹各部分的作用机理和实现方法，最后以典型导弹武器系统的作战运用进行知识的综合，在整体上形成“总—分—总”的结构。通过教学内容的优化设计，同时结合现代战争，把最典型的战例引入课堂，把在研导弹装备的新技术和最新的科研成果引进教材，对教学内容进行动态更新。

## 五、实施策略

在实施策略上，结合教学内容特点和学情特点，利用现代教育技术手段，灵活运用智慧教学和多种先进的教学方法进行教学。通过理论与实际的紧密结合，加强学生的能力素质培养，引导学生养成主动参与、乐于探究、勤于动脑的习惯，激发学生的探索精神和创新意识，同时紧密结合导弹装备实际，为后续首次任职培训课程的学习打好基础，提高学生分析和解决导弹装备技术保障问题的能力。

在课程开课前，首先进行开课动员，由教师深入学生队进行。开课动员要达到三个目的：一是了解课程的总体情况；二是在思想上对课程引起重视；三是为开课做好物资和心理上的准备工作，同时激发学生学习军事装备的兴趣。在课程进行过程中，注意与课代表及时沟通，了解学生新知识的掌握情况，针对存在的问题，定期组织集体的答疑和辅导，并对作业中集中出现的问题进行解释。在课程大约进行到1/3课时时，组织学生开座谈会，由学生反馈教学信息，教研室及时掌握教学情况，解决教学中存在的问题，确保教学的安全、顺利、高效和进度。在教学过程中，考虑到大部分学生缺乏对导弹的专业认知，在教学方法上要注重综合运用各种网络平台的优质资源、热点话题、课程建设的教学条件和专业资源，同时注重拓宽军事装备知识，培养学生知战、晓装。例如，在不影响教学进度的同时对所学的知识点进行适当的提问，讨论与导弹相关的热点军事新闻，并注意观察学生对所提出的教学问题的反应，及时调整教学进度和教学方法。课间多与学生讨论手机头条热点新闻，培养和引导其军事技术的敏感性，也可以增加对学生学识水平的了解。对来自部队的学生，可以沟通其专业背景，了解其对专业知识的掌握程度，从而有效地组织教学进程。针对学生的教育经历的不同，在教学过程中注意兼顾所有，引导学生互相借鉴，取长补短，最大限度地发挥他们的潜能，使他们的个性得到充分的发挥。

“导弹系统原理”内容涉及的学科面广、知识点多，不同知识点的内在逻辑特性不同，表达或呈现方式也不同，因此难以用一种教学模式完成所有内容的教学。在教学过程中，根据不同的教学内容，采用不同的教学方法和教学手段，通过智慧教学，全面提高教学效果。例如：对于导弹飞行原理模块，以课堂讲授为主，对于难以理解的理论部分，借助理论仿真的手段使抽象的内容形象生动，加深学生的感性认识；针对低速气流特性和高速气流特性的内容，采用对比讲授、交互研讨的方法，引导学生主动思考，通过分析研究得出结论，以此来突破教学难点。对于制导系统模块，充分利用网络课、慕课、微课等丰富的网络教学资源，在课堂讲授的基础上，配合自主式学习和探究式学习的教学模式进行教学。对于弹体结构模块，充分利用导弹装备专修室的教学资源，结合导弹的实际装备，结合案例式的教学方式对导弹的结构进行分析介绍，促进学生积极思考。对于导弹武器系统模块，按照为战教战要求，结合现役导弹装备进行教学，通过理论与实际装备的结合，使学生对导弹武器系统的作战应用和技术保障有一个全面的认识。同时，深层次挖掘各模块内容之间的相互联系，构建思维导图，启发学生的思维，帮助学生建立完整的知识体系。

在具体实施过程中，在充分考虑知识系统性和完整性的基础上，以军事需求为牵引，结合军事技术发展实际，把经典战例引入课堂，激发学生的学习兴趣，把导弹领域的最新研究成果引入教学。同时，把我国军队的发展历史和导弹发展史结合起来，把导弹技术的发展和“两弹一星”精神结合起来，把课程思政内容与专业知识结合起来，使科学精神与人文精神相互渗透，通过课程思政内容的相融共进，培养学生的家国情怀、价值追求和责任担当，引导学生端正价值取向，厚植底色初心，实现为党育人和为国育才的有机统一。学生通过对导弹精确制导原理知识的学习，感悟精益求精的理念，进而在学习中养成严肃认真的工作态度和求真务实的工作作风。通过对我国高科技导弹装备的学习，培育爱国主义热情和强军报国的价值追求，树立精武强军和敢打必胜的责任担当。通过对导弹前沿知识的学习，培塑探索未知、追求真理、勇攀高峰的科学素养，结合导弹产生和发展的历史，树立科学技术是生产力也是战斗力的思想，树立导弹专业精神。同时，通过复合制导的介绍，让学生体会在工作中团结协作的道理，引导学生树立团结协作的意识，培养学生的团队精神。通过导弹结构的介绍，说明“结构决定功能，功能取决于结构”的科学道理，引导学生通过社会结构的分析和社会功能的体现来体会社会主义制度的优越。通过对导弹控制方式的介绍，让学生体会控制的作用，说明没有控制导弹就是没有目标的“自由弹”，也就失去了导弹的作用，引导学生要控制自己的行为，树立法制意识，做到遵纪守法。通过典型案例，引导学生敢战、能战、善战的信心和有效履行新时代强军使命的责任心。

## 六、教学效果考核评价

对教学效果的考核评价贯穿于整个教学环节，主要体现在以下三个方面。一是过程监控。在课程授课过程中，通过校园网平台、座谈交流和问卷调查等方式及时与学生进行沟通，同时通过教学督导专家随堂听课的形式对授课效果进行监督，通过过程监控，教学督导专家和学生反馈存在的问题，教师及时做出调整。二是课程考核。通过课程考核检验学生对知识的掌握情况。课程考核包括 30％的形成性考核和 70％的终结性考核，其中形成性考核主要依据平时学习情况给定成绩，给定依据是课上回答问题、课后作业、课中小测、小论文、分组讨论和学生自我测评等，并在课终进行公示，终结性考核依据课后闭卷考试成绩给定。三是课程总结。课程教学结束后分别由学生和教学督导专家对教师的教学给予评分评价，在这个过程中，始终突出学生的主体地位，把学生的评价意见作为教学效果评价的主体要素。同时，由授课教师对课程教学进行总结，通过课程总结，对教学效果进行分析和评价。通过贯穿始终的相互评价和自我测评，为后续课程教学效果的进一步提高提供依据。

随着信息技术等教育技术向着纵深发展，以学生为中心的教学和智慧教学等新的教育理念得到了广泛认同，它虽然没有改变教学过程的实质，但逐渐改变了教育过程的模式、组织序列以及分析和处理教育教学问题的思路，因此，教学设计是随着教育技术和教育理念的发展而发展的，我们不能僵化地理解教学设计，要用发展变化的思路去看待教学设计，把教学设计与教育技术和现代教育理念紧密联系起来，通过学习教学设计的原理和方法，使教师以及教育工作者更好地利用教育资源，进而设计出高效的教学方法，提高教学效益，提高人才培养质量。

# 第四章　教学语言

教学语言是教师在育人过程中所使用的语言的总称，包括教师所使用的口头语言、书面语言和体态语言等。在教师课堂教学过程中，语言是重要载体。教学语言的有效运用，能吸引学生积极参与教学，引发学生主动思考，培养学生的人文素养，锤炼学生的道德情操，从而有效提升课堂教学质量。

## 第一节　教学语言概述

法国作家雨果说："语言是力量"。语言运用恰当，可以激励人奋进，给人以力量。对于教学而言，语言是教师劳动的一种"特殊手段"，是"艺术"。教师语言的清晰、健美、幽默，语言的逻辑性、启发性、趣味性，语言微妙的语调、停顿、暗示，以及动作、表情等可以赋予教学以巨大魅力，直接影响教学的效果。

### 一、教学语言的定义

教学语言是指教师在把知识、技能传授给学生的过程中使用的语言，它是教师传递教学信息的媒体，是一种专门行业的工作用语。教学语言还是教师在教学过程中，充分发挥个人主观创造性，正确处理教学中各种矛盾，正确有效地把知识（信息）传递给学生，使学生与教学环境保持平衡，最大限度地调动学生学习积极性、主动性，并在一定程度上具有审美体验的语言技能活动。

教学语言在教师教书育人、立德树人的过程中，具有极其重要和难以估量的作用。好的教学语言，具有强烈的感染力，能激发学生的学习兴趣，体现语言之美，并在教师的言传身教中完成教书育人、立德树人的人才培养目标。苏霍姆林斯基说："教师高度的语言修养，在极大的程度上决定着学生在课堂上脑力劳动的效率。"因此，提高教师的语言艺术水平，不仅是取得教育成功的先决条件，而且优秀的教学语言还会给学生莫大的愉悦感和美的享受。

### 二、教学语言的分类

教学语言的表达形式是多种多样的，按传递信息的方式，一般可以分为以下四类。

**(一)口头语言**

口头语言(口语),指教师口头使用的语言,用一个字来概括,即“说”。口头语言是课堂教学中语言表达的主要形式,特别是对于理论讲授式教学,口头语言占据更加重要的地位。作为教师,在教育教学过程中,使用最多且便捷有效的也是口语。一般而言,口头语言包括词句运用、语调升降、语速急缓、句间停顿等,讲究的是声音的抑扬顿挫。

**(二)书面语言**

书面语言,指教师用文字及其他表意符号书写的语言。它与口头语言相比,突出的优点是比较规范。就课堂教学而言,书面语言包括教案、板书、图片、多媒体课件等。目前,书面语言运用最多的是教案和课件,一般讲究内容精简、图文并茂,能有效概括教学内容。

**(三)体态语言**

体态语言,又称“人体语言”“动作语言”“无声语言”“行为语言”等,是用表情、手势、眼神、姿态来传递信息、表达情感的辅助工具,是一种“伴随语言”。它是补偿口头语言在交际中的不足所不可缺少的行为。体态语言在一般教学中应用广泛,特别是在实验课、实践课等教学活动中,教师的示范动作就是其典型应用形式。

**(四)其他辅助语言**

在传统课堂中,其他辅助语言主要指教具,包括实物、图片、音像资料等。同时,随着现代教育技术的应用和发展,基于网络的混合式教学模式应用越来越广泛。教学语言的形式也跟着发生了变化,出现了网络教学语言。

网络教学语言从空间的角度可以分为课堂网络教学语言和课外网络教学语言两种。课堂网络教学是在传统的班级授课的模式上,增加了网络教学的手段。课堂网络教学语言包含了一般的口头语言和非口头语言,最主要的不同是把原有的非口头语言移动到网络上。课外网络教学语言打破了传统意义上“课堂”的空间界限,以计算机网络为教学平台。师生通过智慧教学平台实施教学,学生提交作业、参加考核,教师对作业的批改、评价等都在网上进行。这时,教学语言也发生了变化,无论是口头语言、书面语言还是体态语言,都附带网络特性。

教学语言的运用能力是教师素质一个非常重要的方面。一名优秀的教师,应能对上述教学语言运用自如,融会贯通。

## 第二节　教学语言运用的基本原则

提升教学语言运用能力,是激发学生学习兴趣、塑造教师教学风格、推进师生良性互动,进而增强教学效果、提高教学质量的必要途径。在实际教学过程中,教学语言运用通常包括准确性、规范性、逻辑性、流畅性、简洁性和可听性等基本原则。

### 一、准确性

准确性是教学语言的生命。讲课是传递信息的基本方式,它要求准确地表达教师的意思,不能引起歧义。讲课要口语化,但又要区别于生活中的口语。生活中的口语,无需做什么准备,可以不假思索,脱口而出,也可以边想边说,没说清楚的可以再补充,说错了可以再更正。但讲课则不同,讲课中的口语,是教师经过仔细加工、深思熟虑后的口头语言。因此,要求教师讲课时的语言一定要准确精练。例如,翻译要求"信、达、雅","信"为首要,"信"就是准确。教学语言也应如此,要避免词不达意、句不达意。

要做到语言表述准确,应注意以下几个方面。

一是语言的逻辑性要强。因果关系、递进关系、转折关系、并列关系等要层次分明。连接词"与""和""或"等,关联词"因为……所以……""不但……而且……""虽然……但是……"等运用要恰当,层次要分明,承上启下。

二是用词要准确。特别是在定义表述、定理论证、公式推导表述时,应一字一词反复推敲,绝不能使句子产生二意性。例如,数学中论述某些定义或定理时,经常用"当且仅当"这个词,就非常准确且精练。再如,讲"材料力学"课程时,有如下论述:"在既安全又经济的前提下,为构件选择合适的材料,确定合理的尺寸及形状,提供必要的计算方法和实验技术。"这里"选择材料""确定尺寸及形状""必要的计算方法和实验技术"等用词都十分严谨、准确。

三是叙述要精练。在逻辑性强、用词准确的基础上,语言还要精练。这能给人以洒脱、利落的良好印象,切忌口头禅过多。

## 二、规范性

一是讲规范的普通话。乡音土话令人难懂,错音错调易让学生思维偏离学习主题。准确规范的普通话讲究抑扬顿挫,尤其是声调,平、升、曲、降本身就彰显着汉语的音乐美和节奏感。教师使用规范的普通话,就能让富有音乐美和节奏感的教学语言把可能枯燥乏味的课堂教学变得生动活泼,有感染力和震撼力,引起学生的浓厚兴趣,获得理想的教学效果。

二是说规范的专业术语。例如,"红外热像"和"红外成像"不能混用,否则容易误导学生。

## 三、逻辑性

讲课内容前后不能颠倒,逻辑关系不能错乱,轻重不能错位。这就需要教师在讲课时层次分明,条理清楚,或层层递进,或并列呈现,或总—分—总布局。同时注重起承转合、过渡自然。尤其理工学科,更需要注重逻辑严谨,否则学生难以紧跟讲课节奏,无法掌握授课内容要点。

教师要立足学生的理解能力和知识掌握的实际,关注新旧知识间的相互关联,讲究讲述语言的关联性。同时,也要注意教材整体与局部的联系以及各章节内容的联系。教师在备课时应该抓住知识的内在联系,必要时在两个知识点之间加一些过渡语句,这样可以将知识整体地呈现给学生,帮助学生建立逻辑严谨的知识架构。教学过程逻辑严密是指通过教学语言展现的课堂结构,课堂讲述语言一定要前呼后应,上下相承,层次清楚,内容有条理,有连续性。教学思路做到井然有序,语言讲解才会有条不紊。此外,教学语言还要讲究科学性,对概念、判断、推理能够表述清楚、逻辑严密。只有逻辑严密,才能保证教学知识内容的科学性。

### 四、流畅性

教师在讲课时需要做到不口吃、不口误，如：非强调而不重复，并坚决去掉“嗯”“啊”“哈”“呵”“这个”“那个”等口头禅、口头语。教学语言不同于日常用语，有些内容（特别是专业术语）平时不说，教师在最初使用时，口舌协调性难免会出现障碍，流畅性就会大打折扣。这就需要教师提前练习，反复朗诵。例如，“马克思指出，暴力是每一个孕育着新社会的旧社会的助产婆”，若非课前反复朗诵，莫说流畅，断句恐怕都会断错。

### 五、简洁性

教学语言要追求精练，言简意赅，尽量以较少的语言表达丰富的内涵。教师课堂讲述的语言要干净利落，简洁明快，不能有一句废话。越是复杂、难懂的问题，就越需简洁表达。这就要求不说空话、套话、车轱辘话，要短小精悍、简洁明快，最好每句话不超八个字。如果句子长，则可断句，否则既不好说，又不好懂。需要注意的是，教学语言不同于书面语言。书面语言常常主谓宾定补状样样俱全，教学若全部使用书面语言，则会拖沓冗长，难以激发学生的学习兴趣。

### 六、可听性

一是说学生都能听懂的话。七扭八拐、云里雾里，学生就会不知所云、不明所以。二是说适合学生听的话。这就需要因材施教，根据授课对象，调整教学语言内涵的深浅。三是说文明的话。粗话、脏话等不文明的话，不应进入课堂。

## 第三节 教学语言的运用艺术

在实践过程中，教学语言运用的技巧往往因人而异，但经过考察教学名师发现，其教学语言的运用一般包含如下基本方法与技巧。

### 一、抑扬顿挫，节奏有度

首先是“讲”。“讲”不等于“读”、不等于“背”。“讲”，是用自己的语言来阐述教学内容。年轻教师初登讲坛，往往离不开讲稿。虽然讲稿可以看，但应“看稿不念稿、脱稿不背稿”。如何做到“讲”？可先背诵、后复述、再讲授，由少至多（3 分钟—10 分钟—30 分钟……），逐步练习。最先的 3 分钟最为关键，需反复练习、体验。其次是抑扬顿挫。语音有轻有重，语速有快有慢，语调有高有低。激昂处，语调提高；舒缓处，语调降低；重点处，语音加重，语速放慢。时而波涛汹涌、高潮迭起，时而泉水叮咚、沁人心田。一堂课下来，要让学生有一种“大弦嘈嘈如急雨，小弦切切如私语；嘈嘈切切错杂弹，大珠小珠落玉盘”的感觉。再次是节奏有度。教育学要求，教学标准语速为每分钟 200～250 字，但在教学实践中，这样的语速过快，学生没有思考和反应的时间。因此，教师可以借鉴播音员的标准，每分钟吐字 180 个。考虑到教学是知识传授和不断思考的过程，因此语速（尤其是理工课程教学语速）还应降低，以每分钟150～170字为宜。

## 二、启发诱导，设疑提问

运用启发诱导语言，具体方法很多，这里从语言表达方式角度介绍如下：疑问启发。有经验的教师善于使用疑问句，或用设问句引出知识点，引起学生注意，或用反问句加强语势，加重语气。当然，最重要的还是用提问来启发思考。教师要善于抓住教材的重点、难点，巧妙设疑，描述启发。描述性语言是教师课堂教学经常用到的表达手段。描述性语言能让学生在教师的引导下入情、入境、入景，使学生产生丰富的想象和联想，使教学活动妙趣横生。当然，描述性语言也要注意准确简洁，不能随意渲染，夸张失实。

思维往往是从问题开始的，提出了问题，就是启迪了思维。因此，教师应当将授课内容分解成具有逻辑关系的若干问题，使一节课自始至终笼罩在有疑待解的气氛中，从而使授课过程生动、活泼。因此，善于设疑、提问，启迪思维，是讲课成功的有效方法。

例如，讲"普通物理"中"相对论的时空观"时，有的教师就生硬地搬标题——"今天我们介绍相对论的时空观"，接着就一个概念接一个概念、一个公式接一个公式地讲。其实学生并没有"入题"，没有参与这一问题的探讨。然而，同样的内容，在另一位教师讲来，却能引出问题，让学生从讲课一开始就进入主动的思考。首先，向学生提出一个问题：一个质点的运动速度为$V$，运动时间为$t$，求运动的路程$S$。全班学生均可答出：$S=Vt$。这是他们已有的概念，即经典力学的概念。紧接着，教师又出一道题：$\pi$介子在高能加速器中被加速到$V=3/4C$（光速），已知它的寿命$t$为$2.6\times10^{-8}$秒，求它衰变前通过的路程$S$。全班学生根据公式很快算出：$S=Vt=5.8$米。

这时教师向学生提供了一个出乎意料的数据，实验测得$\pi$介子衰变前通过的路程不是5.8米，而是8.5米。学生的已有概念与实验事实发生了矛盾。教师问：是实验事实错了吗？学生回答：不能，实践是检测真理的唯一标准。又问：是已有概念$S=Vt$错了吗？错在哪里呢？教师回答：错就错在关于时间不随物体运动的速度而变化的这个观念上！那么，时间这个基本的物理量是怎样随物体的运动速度而改变的呢？这就是我们要讨论的"相对论的时空观"。

经过这样一个生动有趣的提问过程，紧紧抓住学生的思路，在启发思维上获得了成功，提高了学生的课堂参与度。这就是一个启发诱导、设疑提问的典型例子。

## 三、风趣幽默，妙语连珠

幽默是和谐沟通与交流的桥梁，是人的学识、智慧、才气等内在素养通过语言呈现的外在展现。课堂上，幽默的语言能改善师生关系，消除学生的不良情绪，减少教学阻力。需要注意的是，教师的主要任务是"传道授业解惑"，不能刻意追求幽默风趣而让人发笑，这就要很好地解决"庄"与"谐"的关系问题。

苏联著名教育家斯维洛夫指出，"教育家最主要的，也是第一位的助手是幽默。"我们发现，学生喜爱的教师绝大多数是风趣幽默的教师。如何做到风趣幽默？一要巧设"包袱"。如同喜剧，前面铺垫，后面突然转折，抖出"包袱"。二要活用经典。阐述敌我力量差距：我们

“没有吃，没有穿”，只能靠“敌人送上前”；“没有枪，没有炮”，只能靠“敌人给我们造”。三要深挖细节。人类社会本就丰富多彩，许多事件背后本就隐藏着幽默的因子，如果我们挖掘够深，就能发现。需要说明的是，幽默的着力点不要放在与学生插科打诨方面，而应集中于教学内容。内容不要离题万里，而要紧扣主旨。

## 四、灵活应变，临机“现挂”

“现挂”本指相声演员根据演出的实际情况，在适宜的情境里，联系当时当地发生的事件，现场进行机智灵活的即兴发挥。在教学过程中适当地运用“现挂”往往会收到意想不到的教学效果。例如，一次学生课堂演讲突然提到“五州运动”，教师一愣，马上说：“兄弟，不要看盗版书了，是‘五卅运动’！”对不遵守课堂纪律的学生，临机现挂既可维持课堂秩序，又可使原来融洽的气氛更加活跃。再如，师生正兴致勃勃地开展教学活动，两个学生却窃窃私语而且声音逐渐加大，引起其他学生的不满。教师走过去，故意将嗓音压低到全班都能听到：“你们先别说，先让我说！”全班哄堂大笑。教师要达到临机现挂效果，一要脑子反应迅速，二要熟悉教学内容，三要随时掌握课堂状况，四要有丰富的经验积累。有时还需提前设计，将课堂上各种可能的意外都要想到，充分准备预案。

## 五、书面语言，画龙点睛

在个别情况下，教师偶尔“风雅”一下，使用书面语言，会别有一番风味。回顾新中国成立后建设道路的艰辛探索：这 27 年（1949—1976 年）是光荣与梦想、欢乐与痛苦、笑声与泪水相交织的 27 年，也是“剪不断，理还乱，别有一番滋味在心头”的 27 年。如此，可将学生思绪带回到纷繁复杂的 27 年之中。当然，书面语言运用应是宜少宜精不宜多。

## 六、寻求亮点，增强张力

语言的张力包括语言信息集中度、力度、感染力、余韵等。习近平主席在纪念中国人民志愿军抗美援朝出国作战 70 周年大会上的讲话，语言的力度就穿越时空，震撼人心：“无论时代如何发展，我们都要汇聚万众一心、勠力同心的民族力量。”“无论时代如何发展，我们都要锻造舍生忘死、向死而生的民族血性。”“无论时代如何发展，我们都要激发守正创新、奋勇向前的民族智慧。”教师如能在教学过程中恰当引用这些经典的语句，则会让学生们情绪高涨，大大提升讲授的感染力。

## 七、巧设无声，胜于有声

于无声处有惊雷。掌握教学语言艺术，也必须学会无声语言的运用。有经验的教师知道，讲课时适当的停顿，可给予学生心领神会的时间，有时也可起到警醒学生、维持课堂秩序的作用。当然，如果运用得再巧妙些，可起到抒发教师情绪、引发学生情感共鸣的效果。

## 八、态势得体，提升效果

体态语言运用得恰当、得体、丰富，则能充分展示教师的魅力。课堂上教师要做到端庄中有微笑，严肃中见柔和，以举止大方、乐观开朗、生气勃勃、充满活力的情态、风度、品格进行教学，并以宽广的胸怀、积极的情绪、热情的情感、平易近人的态度、笑容可掬的表情，使学生受到感染，营造出和谐、愉快、亲切、友好的气氛，从而给学生自然、亲切、明朗、舒畅的审美联想和体验。

使用好体态语言有助于师生之间的情感交流，能营造和谐、积极、求知强烈的课堂氛围，体现师生共同探索的人文情怀，使课堂教学更为生动，更富感染力，增强教学效果。概括地讲，恰当运用体态语言的要点是“表情自然亲切，目光富有神韵，仪表端庄优雅，举止从容不迫，热爱发自内心，情感出自真诚”。成功做到这些与教师自身的修养、气质及积累、锻炼有关，这就需要教师平时注意不断磨砺、修炼。

# 第五章　教学手段

无论是传统教学还是现代教学，都离不开教学手段这一重要的教学媒介。教学手段承载着教学活动的内容，并直接影响教学效果。在课堂教学中，教师运用板书、多媒体课件、实物教具以及仿真软件等载体来呈现出口头语言难以实现的效果。如果手段运用得当，可以使抽象的内容形象化、直观化，从而更容易让学生理解和掌握。从教学活动本身来看，教学手段的选择依赖于运用的教学方法，同时它又反作用于教学方法。

## 第一节　教学手段概述

随着科技的飞速发展，教学手段也在不断地更新与变革。从传统的单一教学手段，如讲授、板书等，逐渐向更加多元化、交互性更强的新型教学模式转变，如网络在线教学、虚拟现实技术等。教学手段的这种转变不仅丰富了教学模式，也为学生提供了更加生动的学习环境。对于教师而言，深度掌握和运用教学手段，不仅可以激发学生的学习兴趣，提高他们的学习效果，还有助于培养学生的创新思维和实践能力。

### 一、概念与特点

#### (一)教学手段的概念

教学手段是指在教学过程中师生相互传递信息所用的工具、媒体或设备。它们帮助教师有效地讲授课程内容，支持学生的学习和理解。随着科学技术的进步，教学手段也经历了一个发展和变化的过程。最初，教学依赖于口头语言和文字，后来扩展到了书籍、印刷教材和电子视听设备。最近几十年，随着计算机和互联网的兴起，多媒体和网络技术开始广泛应用于教学领域，使教学手段变得更加多样化、个性化和高效。

传统的教学手段则主要包括教科书、粉笔、黑板、历史挂图等简单的教学工具。这些工具虽然简单，但在历史上长期以来都是教学的主要依托。在现代教育技术的冲击下，传统教学手段仍在一定程度上发挥着重要作用。

现代化教学手段通常指的是利用现代科学技术，如声、光、电等，来辅助教学的电化教学。这些技术包括但不限于幻灯机、投影仪、录音机、录像机、电视机、电影机、影音光碟

(Video Compact Disc,VCD)机、数字视频光盘(Digital Video Disc,DVD)机、计算机等,它们被引入课堂,作为直观教具应用于各个学科的教学之中。这种教学手段因其声、光、电等现代化科技的应用而得名"电化教学"。相比之下,现代教学手段更加多样化和智能化,能够更有效地激发学生的学习兴趣并参与其中,从而提升教学质量和效率。

### (二)教学手段的特点

(1)直观性。教学手段强调直观性,通过板书、图像、声音、动画等多种形式,将抽象的知识具体化、形象化,使学生更容易理解和掌握。

(2)简洁性。在信息爆炸的时代,教学手段通常要具备简洁性,即必须能将核心知识点以简洁明了的方式呈现给学生,帮助学生快速把握关键,提高学习效率。例如,借助最简洁的语言、图表、示例等表现形式,将复杂问题简化为易于理解的问题。

(3)启发性。启发性是教学手段的核心特点,教师会在教学过程中使用科学、合理的手段,引导学生主动思考、积极探索。例如,通过设置问题情境、案例分析、小组讨论等方式,激发学生的求知欲,培养其创新思维和实践能力。

(4)集成性。教学手段的集成性体现在将多种教学资源与技术融合在一起,形成一个统一、高效的教学系统。不仅能够满足个性化教学需求,还要能实现资源的优化配置,提高教学质量。

(5)交互性。交互性强调学生与教师、学生与教学内容之间的深度互动。例如,通过在线问答、讨论区、实时反馈等方式,让学生在教学过程中感受到实时互动的乐趣,提高学生的学习积极性和自主性。

(6)实时性。教学手段还应具备实时性,即紧跟时代发展步伐,及时更新方法,满足教学需求。实时性教学手段要求教师关注时事、掌握最新动态,将实时信息、技术融入教学,使学生学以致用。

(7)针对性。针对性教学手段注重学生的个体差异,因材施教。例如,通过智能化教学系统、个性化学习资源推荐等方式,满足不同学生的学习需求,提高教学效果。

(8)实践性。无论哪种教学手段都应注重实践性,强调理论与实践相结合。通过实验、实习、实训等环节,让学生在实践中掌握知识要点,培养其解决问题的能力。实践性教学手段有助于培养学生创新精神和实践能力。

## 二、应用原则

### (一)适应性原则

适应性原则是指教师在选择和运用教学手段时,需要充分考虑学生的年龄、认知水平、兴趣和需求,以实现教学手段与学生发展水平的有机结合,或根据教学进度和学生的学习状况,适时调整教学手段,以实现教学目标的顺利达成。例如,在讲授数学、物理等逻辑性强的内容时,选择板书推导公式可能比单纯播放 PPT 效果更好。

### (二)互补性原则

互补性原则是指在教学过程中,教师需要将多种教学手段相互结合,形成一个有机的整体，以实现教学目标的最优化。这需要教师充分挖掘各种教学手段之间的关联性，使它们在教学过程中相互补充，共同促进学生的学习。

**（三）创新性原则**

创新性原则是指教师在选择和运用教学手段时，应积极探索新的方法和途径，以激发学生的学习兴趣和创造力。例如，利用现代信息技术手段，创新教学知识呈现形式，即将知识以图片、视频、音频等形式展示出来，让学生在可视、可听、可看的环境中汲取课堂知识，这不仅能提升学生学习兴趣，还能有效提高教学效果。或者鼓励学生参与教学活动的创新设计，让学生在活动参与中深入了解知识的构成以及团队合作的意义，从而有效提升学生的实践能力和创新意识。

**（四）教育性原则**

教育性原则是指教师在选择和运用教学手段时，应注重其对学生的教育价值和影响。例如，选择具有正面教育意义的教学手段，避免对学生产生负面影响，或在教学过程中，注重培养学生的思想道德素质和科学文化素质，实现全面发展的教育目标。

## 三、常用教学手段

**（一）板书**

板书作为一种传统的教学手段，通过在黑板上书写文字、图表等形式，向学生传达知识，其优点在于能够突出重点，帮助学生更好地理解课程内容。板书在教学中的应用，尤其在基础教育阶段，对于培养学生的阅读理解、注意力集中等方面具有重要作用。同时，板书还可以随时调整，根据学生的反馈进行有针对性的讲解。但是，板书需要花费一定的时间，而且对于一些需要动态展示的内容，板书无法充分展现。此外，过于烦琐的板书也可能会让学生产生视觉疲劳，板书内容过多也可能导致学生无法抓住重点。因此，教师在运用板书时，应注重把握时机，合理控制板书内容，以提高教学效果。

**（二）多媒体**

多媒体是指通过计算机技术，将文字、图像、声音等多种形式的信息融合在一起，形成一种综合性的信息展示方式。多媒体的优点在于信息量大、生动形象，能够充分调动学生的感官，提高学习效果。同时，多媒体还可以通过动画、视频等形式，模拟实验、演示等内容，帮助学生更好地理解课程内容。但是，多媒体也存在一些问题，比如信息量过大可能导致学生无法消化吸收，同时也会让学生产生视觉疲劳等问题。因此，教师在制作和选择多媒体素材时应注重质量，以确保教学效果。

**（三）实物展示**

实物展示是指通过展示具体的实物、模型等方式，帮助学生更好地理解课程内容。这种教学手段尤其适合于一些实践性较强的课程，如物理、化学、机械制图等。通过实物展示，学生可以更加直观地了解教学内容，提高学习兴趣和效果。然而，有时实物展示的资源有限，难以满足所有课程的需求，或者在某些情况下，实物展示可能受到场地、安全等因素的制约。

**(四)虚拟现实技术**

虚拟现实技术是指通过计算机技术模拟真实场景的一种技术。在教育领域中,虚拟现实技术可以为学生提供更加真实的学习体验,帮助学生更好地理解课程内容。例如,在地理课程中,虚拟现实技术可以模拟地球的运转、地形地貌等场景,让学生更加深入地了解地理知识。但是,虚拟现实技术也存在诸如开发成本高、开发时间长等问题。此外,虚拟现实技术也不适合所有的课程内容,需要有针对性地选择使用。

## 第二节 板 书

从静态的角度看,板书是教师在讲授过程中以简洁凝练的文字(符号)、表格或图画等在黑板上书写的信息总称;从动态的角度看,板书是教师授课过程中在黑板上适时书写文字(符号)以传递知识、引导思维的一项活动过程。无论从哪个角度看,板书都是一种课堂教学不可或缺的基本手段。因此,书写板书的能力是从事教学工作必备的一项基本功,也是衡量教师专业素质能力的一项重要指标。

### 一、板书的作用

实践表明,工整漂亮的板书不单纯是一种非常重要的教学手段,也是一门别具匠心的教学艺术。在课堂教学中,教师通过一笔一画地实时展示优美的板面和俊逸的书法,能够潜移默化地对学生的学习态度与书写习惯产生深刻的影响。因此,板书也被视作教学过程中提升学生非智力因素的重要手段之一。如果板书运用得恰到好处,不但有利于突出重点难点,为课堂讲授起到点石成金的作用,而且可以促使学生在深入理解的基础上记忆所学内容,同时激发学习兴趣、培养审美情操。

**(一)加深对知识的理解**

实验研究和实践经验均已证明,板书的可视性丰富了知识获取的载体。首先,通常情况下,人从外界接收的信息80%以上来源于视觉。教育心理学也认为在课堂教学过程中,学生的视觉信息是获取知识最主要的渠道。板书作为一种可视的书面语言,是通过视觉渠道获取知识的一个重要手段。同时,板书还具有信息量大、准确率高以及受时空条件限制小等诸多优点。不难想象,一些专业术语、数学公式、结构示意图等仅凭口头语言表述是难以让人理解的。如果把这些信息利用板书加以呈现,让学生一目了然,就会对教学内容起到注解和诠释的作用,弥补仅用口语讲授的不足。其次,经过系统化设计的板书有助于学生理解知识。研究表明,如果知识点之间各自孤立,不但会影响学生对这些知识本身的深入理解,而且还会妨碍利用这些知识点间的关联关系理解新的知识。精心设计的板书,其实就是对教学内容的提炼与浓缩,使其更具条理性,内在逻辑变得更加清晰。这一过程本身就是对知识的系统化,从而有利于学生对所学知识的理解。最后,板书的书写所带来的"延迟呈现",可以为学生的大脑预留出反应时间。教师在讲授过程中,如果能准确恰当地把控板书的书写时机与速度,则可以调节教学节奏,使学生的视觉感官与听觉感官交替运用,缓解其大脑特定区域的紧张状态，让大脑的瞬时记忆功能得以充分发挥，进而实现对知识的深入理解。

**(二)激发学生的学习兴趣**

人们常说，“字是知识的外衣”“字如其人”。这些俗语无疑都传递了这样一个观点，就是书写的重要性。试回忆，我们或许都曾有这样的记忆——读书时，某位教师一手漂亮的粉笔字，不仅顿时让朴素的黑板熠熠生辉，使得学生们啧啧称赞，而且能激发出学生们对板书内容关注的兴趣。古人云，“好之者不如乐之者”，通俗地说就是“兴趣是最好的老师”。所谓兴趣，就是指人主动去探究事物的一种认识倾向，并且带有强烈的向往心境与情绪色彩。学习兴趣则是学生主动思考、探求知识的内在源动力。好的板书是呈现教学重难点的“方向标”，是归纳知识内涵要义的“指挥棒”，是引导教学的“路线图”。学习兴趣来源固然是多方面的，除了知识本身的吸引力、教学艺术的感染力之外，适合学生审美的板书对激发学生的学习兴趣也有着至关重要的作用。一幅优美流畅的板书，就像一幅用各种文字和线条巧妙构成的艺术画卷，可以使学生借助直观生动的视觉感官激起内心的学习热情。

**(三)培养审美情操与学习态度**

人类自从进入文明社会以来，就一直没有停止过对美的渴求与向往。美的感受能让人的精神世界变得更加朝气蓬勃与丰富多彩。然而，对美的正确感受和理解，也需要积极地教育和引导。实现美育的方法和途径是多种多样的，绝不仅限于开设的相关美学课程，更多的是靠日常生活、工作和学习中的点滴熏陶。因此，教师的言谈举止无时不潜移默化地对学生的审美情操产生深远的影响。由于课堂上板书具有很强的示范性和引导性，如果其能够带给学生以美的享受，必然能唤起学生的形象思维，并对学生审美意识起到熏陶作用。此外，从某种意义上讲，板书就像“微缩版”的教案，它在凝练教学内容的同时，也充分体现了教师备课的智慧与心血。因此，优秀的板书在带来美感的同时，还可以使学生从清晰、整洁、美观的画面中，感悟到教师一丝不苟的治学态度和认真负责的工作作风，进而对学生自身的学习态度产生正向激励作用，正所谓“亲其师，信其道”。

## 二、板书的原理

从某个角度讲，板书是教师在备课过程中构思的艺术创意。优秀的板书不仅在内容上浑然天成、恰到好处，而且在形式上因内容不同而妙趣横生、各具特色。它不仅以明确的科学性引导学生主动思考，而且以特有的艺术性带给学生美的熏陶。其实，任何一种教学形式背后都蕴含着理论基础，板书自然也不例外，其中主要涉及教育学、心理学、系统论、美学等诸多原理。

**(一)板书的教育学原理**

1.认知结构理论

当代著名认知结构学习理论代表布鲁纳指出，教学应当有效地传授基本结构或者给学生提供形式结构。利用板书进行教学可以有效地呈现教学重难点，既显示教学内容的内涵和外延，又体现知识要点的体系结构。板书在帮助学生将知识“穿珠成串”“结线成网”方面，有着其他教学手段难以起到的重要作用。

2.双边活动原理

按照古罗马教育家昆体良提出的“教学是一种双边活动”理论，板书教学恰好能促使教学活动中师生之间更好地融合与沟通。在教学过程中，无论由学生发表意见让教师写板书，还是由教师启发思维让学生写板书，都非常有利于发挥学生的主体作用和教师的主导作用。其中：一种模式是教师一边讲授一边写板书，学生一边听课一边记录笔记，并对照板书对内容进行复述或参考板书回答教师的提问；另一种模式是教师只板书纲目，学生对照教材并依据板书纲目自主整理详细板书（笔记）；再或者师生共同围绕板书开展研讨，并借助板书总结、归纳、巩固提升；等等。以上这些均体现了板书的双边活动原理。

3.参与过程原理

如果课堂教学只重视结果而轻视了过程，那么学生可能仅知道“学什么”，却不知道“怎么学”。因此，教学必须重视过程，要让学生不仅知道学什么，更要知道如何去学。有效的教学应当能够帮助学生设计和总结个人的学习方法，并且要呈现出由已知到未知的产生过程与逻辑脉络。板书的运用恰好可以突出由认识到实践的转化，强调从形象思维到抽象思维的变换，归纳由理解到记忆的活动流程，从而真正地促进学生学习能力的提高。由此可见，板书教学的优点在于，其逐步呈现的过程恰好是揭示和设计学习的过程，这非常有利于学生的主动参与和认知，而不仅仅是列出既定的知识。

4.发展性原理

20世纪60年代，由苏联教育家赞科夫所创立的发展性教育理论强调，成功的教学不应仅局限于发展学生的认识能力，还要使学生掌握学习过程，掌握学习方法。成功的教学往往需要利用语言直观、模象直观和实物直观，而板书教学正是运用黑板在课堂上开展直观教学，来提升学生的观察力、判断力与思考力。因此，运用板书教学不但能很好地传授知识与技能，而且能够通过再现教师的备课过程来发展学生的自学能力和创造性思维，进而促使学生掌握科学的学习方法。

**（二）板书的心理学原理**

1.感知原理

在教学过程中，学生的感知是在听觉与视觉两种信号系统交替活动中完成的，第二信号系统发挥调节和引导的作用。教师一边讲课一边写板书，可以让学生的感知更实时、更系统。也就是说，如果把抽象讲述与形象板书结合起来，用板书的图文突出教学重难点，并辅助各种线条、字体和颜色加以标识，就会更加突出感知对象，吸引学生的注意力，从而收到更好的教学效果。其中主要蕴含三个基本规律：一是差别律，即被感知的对象与其背景有所差别。就板书中的对象和背景而言，往往可通过颜色、字体、位置来加以区别。俗语说：“万绿丛中一点红。”其中也暗含了这一原理。二是活动纪律。在一个相对固定不变的背景上，处于活动的部分将容易被感知。就板书而言，这种“活动”可以通过教师书写板书的动作或手势的指引来实现。三是组合律。在视觉感知过程中，凡是距离上接近或形态上相似的各个部分容易组成同一感知对象。根据这一规律，板书中为了突出重点、难点和关联部分，周围最好不要附加相似的线条或图案，而且要注意拉开适当距离。

2. 记忆原理

正如前文所述，人脑的记忆除第一信号系统活动之外，还有第二信号系统的作用。具体来说，大脑不仅能建立起物与物之间的神经关联，还会搭建起与物所对应的词汇与词汇之间的关联，这不仅让大脑记忆的事物更加丰富，而且会让记忆本身变得更为容易。因为板书的内容往往是教师精心选择的与事物密切关联的词汇，所以板书不但有助于具体的形象记忆，而且有助于抽象的逻辑记忆。其实，人脑的记忆过程大致是按信号输入、信号编码、信息存储、信息提取和信号复现的顺序实现的，而板书恰好可以帮助大脑对信息进行“编码”并存储（记忆）。由于板书的书写还具备动态性，因此教师可以根据学生的兴趣需要与情绪活动变化，实时掌控学生的注意力和思维活动，从而使信息的输入速度与学生大脑处理和记忆的速度“合拍”。实践表明，板书不仅能增加短时记忆的信息量，还能通过“编码”促进长期记忆的形成。因此，在学习相对抽象的内容时，利用直观的板书可以将感性认识与理性认识统一起来，进而加深记忆与理解。此外，板书的系统性还可以使学生头脑中新建立的暂时神经联系和已有的神经联系相互强化融合，形成新的知识系统，从而提升记忆的准确性与牢固性。

3. 思维原理

人进行深度思考的重要前提是对事物的注意力。“注意”则是人的心理活动对某一特定对象的集中与指向。这种“集中”体现在心理活动倾注于背景当中某个局部而移开其他部分，于是这些对象更容易被清晰地划分出来供大脑专注处理。板书教学恰好根据这一点，先利用各种字体、字号、线条、符号、色彩等作为“刺激元素”，并结合动态书写使学生产生“无意注意”，再运用设疑、比较、诱导、强调等手段引起他们的“有意注意”。上述过程可以有效促使学生大脑左右半球的思维活动互补，也就是具体形象思维和逻辑抽象思维的相互融合，从而有利于大脑对信息的分析与综合。在具体实施过程中，板书教学正是通过分类对比、概括归纳以及分析综合等具有局部性质的思维活动来帮助学生在头脑中建立相关概念，进而创造性地运用概念培养心智、发展思维。

**(三)板书的系统论原理**

1. 有序性

一个系统之所以成为系统，它的各元素之间一定是彼此联系、彼此制约的，而且这种联系和制约又是有序且有规律的。如果将课堂教学本身看作一个系统，那么其中的板书则是这个系统中的一个子系统。因此，在设计和运用板书的过程中，教师必须考虑到它与整体教学系统的关联，而且板书中各项内容的空间布局和书写次序不是无序拼凑的，而是有章可循的。

2. 动态性

系统是充满活动的，在其内部元素相互之间，以及系统整体与外部环境之间往往存在着一定的能量、物质或信息的交互，其表现出来的稳定与平衡也只是一种动态的稳定与平衡。在教学活动中，板书正是动态协调教师、学生以及教材之间的信息交互媒介，绝非单纯静态地呈现已有的知识点。

3. 协调性

板书的恰当运用，会在教师、学生二者之间建立起互动关系，从而使教与学相互正向激励，形成良性系统。此外，就其作用而言，板书还是一种协调处理教材、教师以及学生三者之间关系的整体化教学手段，其核心正是发挥教师主导作用来调控整个教学进程。

**(四)板书的美学原理**

毫不夸张地说，一幅别具一格的漂亮板书就是教师在课堂上创作的一幅艺术画卷。其可以展现出一堂课的精华，在浓缩知识的同时给人心旷神怡的美好享受。中国现代美学的奠基人朱光潜曾说过："美是客观方面的某些事物交融在一起而形成一个完整现象的那种特质。"从宏观上讲，板书的美表现在其内容与形式均体现了主观目的与客观效果的统一。从微观上讲，这种美则主要体现在内容的适当、布局的协调、文字(符号)的俊秀等方面。要实现这一点，教师需要用自己对课程的情感巧妙通过上述要素潜移默化地影响学生，使之产生共鸣，进而产生更高层次的美学效应。

1. 内容的适当

美的事物往往不是抽象的，而通常是具有实在的、具体的、形象的客观内容。板书的内容美一般表现在其通过展现教学内容的重点与难点，启迪学生的思维，并促进师生之间实现深层次互动。当然，这要求教师的板书必须恰到好处，而且教师的讲授还需引导有方，方能使学生学而有道，并从中感到学有所获。板书的"恰到好处"往往体现在板书精准、简洁，既能反映教学内容的核心，又没有冗余成分。具体来说，就是涵盖"三点四路"，其中三点是指教学内容的重点、难点和特点，四路是指教材的编写思路、知识的逻辑思路、教师的导学思路与学生的学习思路。

2. 布局的协调

对于艺术创作而言，新颖性、巧妙性通常决定着作品的感染力，板书亦是如此。优美的板书往往在布局方面是规律中见变化、规范中见新奇，从而带给学生一种和谐之美。这种布局的"和谐"往往体现在整体对称、分布规律、结构均衡、要点突出等方面。板书给学生的第一印象是其整体布局造型，而布局的美感关键体现为由文字(符号)与线条构成的边缘轮廓和疏密得当的图案美。好的布局既能反映出知识的整体全貌，又能为学生留出想象空间，从而使学生对教学内容有一个系统的认知。

3. 文字的俊秀

通常情况下，板书的核心元素是由文字(包含符号、线条等)构成的。因此，板书当中每个文字的美感尤为重要。板书文字的基本要求是端正、整齐与规范，并且字体大小、排列疏密均要适当。更高的要求则主要是其书法本身的艺术性，在书写风格上还要尽可能与所要表达的内容相呼应。由于粉笔质地的特殊性，书写时粗细会有较为明显的变化，所以相对其他的书写方式，黑板上的粉笔字往往更具有表现力，如运用得法则会给人以一种自由流畅、动感十足的美感，甚至每一笔都能表现出一种韵律和能量。

## 三、板书的设计

《教育学》指出："所有的直观教具中，要数板书最普遍、最重要、最灵活。但是也许正是因为黑板过于为人们所熟悉，因而往往被人们忽视或使用不足。许多教师利用黑板的能力很差，还从未探索过令人兴奋的各种可能的办法。"其实，这段话直白的意思是说，板书绝不是课堂上的草稿纸，而应当通过精心设计去挖掘它的使用潜力。我国教育家于漪也曾说过："凡是写上黑板的一字一句都要经过精细选择，细心组织。"由此可见板书设计的重要性。

### (一)设计原则

1. 针对性

板书必须围绕教学目标的达成，针对不同的内容、不同的学生、不同的时机有针对性地设计。要体现这一点，关键要从学生理解问题的角度出发，通过板书引导学生理解重难点，系统、深刻地掌握教学内容。在具体的教学实施过程中，要能实时把握板书的针对性：在讲授重点内容之前，板书要针对如何指引思路；在讲授重点内容过程中，板书要针对展示主体；在讲解重点内容之后，板书要针对强化整体。

2. 概括性

由于受到黑板的有效空间、教师用于书写的时间以及学生理解消化的时间等因素局限，板书的内容应当高度概括和简练，不宜长篇大论。然而，其中的概括与简练又绝不是断章取义，而是要以全面、准确地吃透教材为前提，并仔细推敲、精心打磨，用非常简洁的概括性文字表达教学内容的核心，以起到画龙点睛的作用。总之，板书的设计要做到少而精。这当中的少，也不是越少越好，而是要"以少胜多"；这当中的精，是教学内容精华的体现。少而精体现的是效率和质量的辩证关系，是一个相辅相成的统一体。

3. 启发性

板书不只是教材的精简版，更重要的是能够有利于学生看到教材之外的知识，想到教材上没有直接写出来的规律，如总结归类、要点串联、分类对比以及泛化联想等。好的板书设计就好比在传递给学生知识的同时又交给了学生一把钥匙，使学生能够利用其自主获取新的知识。这就要求教师在设计板书时要充分考虑板书的启发作用。板书的启发性一般要具备以下三个方面之一：一是要能化抽象为具体，为学生透过现象看本质创造机遇；二是要能把特殊置于一般，使学生能从特殊中推出一般，让特殊与一般融为一体；三是要能体现新旧内容的内在关联，揭示新知识的生长规律，激发学生探索新发现的内在动力。

4. 灵活性

在教学实践中，即使是同一个教学内容，不同教师设计的板书往往也不相同，这也正是板书的魅力所在。经验表明，无论什么课，如果千篇一律，一个模式，就有可能影响学生的兴趣，这就要求教师在备课时，要敢于打破固有模式和套路，针对教学内容特点和学生的具体情况，像创作文学作品和艺术品一样，设计出灵活、多样、新颖的板书，力求让学生感到耳目一新。另外，教学是一项师生共同参与的双边活动，难免会出现课前设计的板书无法按计划实施的情况。这就要求教师在不影响教学效果的前提下，灵活采取随机应变措施和方案，如“将计就计”主动留出空间，引导学生进行自主思考。

5. 美观性

好的板书不仅要做到逻辑层次清晰、布局匀称得体，还要做到文字流畅工整、线条美观大方。这些能够体现板书美感的重要元素，如果运用得当就会激发出学生内心的一种“仰慕”之情，进而产生学习模仿的欲望。反之，如果板书内容繁杂、条理紊乱、板面扭曲、字迹潦草，则必然使学生产生抵触情绪，进而影响整体的教学效果。

**(二)内容设计**

按照板书内容构成形式，通常可大致将其划分为两类：系统性板书与辅助性板书。其中：前者一般是对教学内容的总结凝练，如教材的内容梗概、教师的讲课纲目、关键的推导结论等，通常被写在黑板的显著位置，且保留时间也相对较长；而后者则是根据教学实际情况，将一些名词术语、相关概念，或者关键的时间节点、人名地名等需要强调的信息，简要地补充书写在黑板一侧，且往往是边写边擦。因此，教学实践中就板书设计方法而言，一般针对的是系统性板书。系统性板书又可以分成内容式、强调式、设问式和序列式等。需要指出的是，以下介绍的几种设计方法并非绝对或孤立的，并且各种方法之间亦无严格的界限划分，在具体实践中，需要灵活、综合地运用。

1. 内容再现法

内容再现法是以再现教材原文为主的设计方法，是一种常用的设计方法，通常适用于人文类的课程。实施时，要充分理解教材，尽量按教材的思路设计板书，尽可能地还原教材内容，使学生们能够在较短的时间内全面、准确、客观地掌握教材的核心。

2. 逻辑追踪法

逻辑追踪法的设计理念主要是突出教学内容内在的逻辑性。这种方法的特点在于注重事物的观察视角、分析过程与研究方法，并站在学习的角度引导学生剖析事物的本质，从而培养其发现问题、研究问题与解决问题的能力。这种方法适用于本身逻辑性就较强的课程。

3. 层层推论法

层层推论法与逻辑追踪法有类似之处，只是前者更侧重于体现推理的过程以及结论之间的联系，即前一层的结论作为后一层推理的依据。这种方法通常用于论证性的教学内容。

4. 思路展开法

思路展开法是从教材的核心出发，通过拆解、分类、联想等一步步将教学内容分解成易于理解的细微单元，并呈现出其中的内在关系。这种设计有利于培养学生的思维和想象力。“思维导图”其实就是一种很好的思路展开法。

**(三)布局设计**

布局设计又称板位设计，类似于我们经常看到的报纸版面一样，精心设计、严谨布局。

在具体实施过程中，不仅要考虑所要书写的内容，还要根据黑板的大小和形状、学生的座位分布以及教室的采光等因素考虑布局设计。

1. 划分区域

为了充分有效地利用黑板，避免杂乱无章地盲目书写，可将黑板划分成若干区域，将不同的内容写在不同的区域里。在多数情况下，可将黑板划分成主位与副位两部分。根据人的视觉习惯，主版位一般选择黑板左半部分，或者黑板中间的大部分区域（如黑板幅面较宽，可划分成三份）。在主板位书写重要内容，并保留相对长的时间，以便学生记忆思考或记录笔记。而副板位一般书写讲授过程中的关键词汇或主板位中的注释内容，或者其他不太重要的推导演算过程等，以便加深学生对知识的理解。

2. 造型设计

造型设计是指对板书内容布局的具体安排。根据板书内容的不同，造型有多种多样，亦没有优劣之分。主要考虑的因素是和谐、美观，能让学生感受到一种整体的视觉感，并且还必须能充分地表现出教学内容的主旨要义。

(1)对称型。对称型布局是指板书上下（左右）的内容排列基本对称的板书造型。这种类型的优点是巧妙利用对称布局来对比凸显内容的重点，从而给学生留下更加深刻的印象。其还可进一步划分成多种类型：一是单轴对称，顾名思义，其有且仅有一条有形或无形的直线作为对称轴，使板书的布局形成上下（左右）对称；二是双轴对称，就是相当于比单轴多了一条轴，即以两条纵横垂直的线段为对称轴，使板书划分出的上下左右四个部分，两两对称；三是综合对称，是把多项内容和各类符号排列得多处对称，但却不乱不杂、条理清晰，给人一种井井有条的美感，非常适合于教学内容相对偏多的情形。在具体设计过程中，如果因各个部分字符数量不等造成不对称，则可以通过改变字符间距或者添加外边框的方式实现。

(2)偏正型。偏正型布局通常根据教学内容的实际详略进行自然编排，因此往往会更加生动，给人以浑然天成之感，而且相对而言更容易设计。其可细分成多个类别：如张翼型，顾名思义，其布局恰似飞鸟张开双翅时的样子，其优点在于适合整体概括教学内容中相对复杂的关系层次；雁行型，其整体布局就像大雁结队飞行时的排列，它的优点在于适合反映多条并行发展的逻辑链路，从而让学生更加准确地掌握整体思路；阶梯型，即将板书呈阶梯形式排列，用以表达逐层递进的教学内容，这种方式可以借助线条来辅助表现，使板书内在的逻辑关系更加清晰，从而帮助学生加深理解；折线形，可以看作阶梯型的变体，即把不在一条直线上的多个线段依次连成折线的形状，其优点与阶梯型类似，但灵活性往往更强。

(3)自由型。自由型布局设计是指不受具体的条框限制，但并非无序布局，而是根据所要呈现的内容需要和想要达到的教学效果进行的一种布局创作。例如：辐射型，即板书以某个内容为核心，向各个方向伸展开；波浪形，板书内容像波浪一样起伏排列，以揭示教学内容之间某种变化关系；矩阵型，采用纵横交错的方式，使各个部分内容彼此照应，从而使学生更容易理清事物的内外部关系。

3. 留白设计

留白是中国传统书画作品中一种常见的艺术表现手法，目的是让作品的画面更显和谐、美观而故意留下一定的空白区域，给人以想象和回味的余地。板书的留白其实也是基于这样的原理，故意将某个部分不写或写得很简略，从而让学生猜想、沉思。教学的根本目的不仅仅是教会学生解答习题、记住结论，而是在研究与解决问题的过程中培养思维、提升素质。这就要求教师在设计板书时要大胆放弃“避免节外生枝”的理念，敢于打破约定俗成的“教案剧”，为学生深入思考与探索预留出空间。

## 第三节　多　媒　体

多媒体是指信息媒体的多样化，它是一种能够同时获取、处理、编辑、存储和展示两种以上不同类型信息媒体的技术。在教学过程中，根据教学目标和教学对象的特点，通过教学设计，合理选择和运用多媒体，利用计算机综合处理和控制语言、文字、符号、图像、影像等多种媒体信息并作用于学生，同时与传统教学手段有机结合，共同参与教学全过程，形成合理的教学过程和结构，达到最优化的教学效果。

### 一、多媒体概述

当前，我们常用的多媒体一般是指利用 PowerPoint 软件，再结合其他技术来制作的课件，也就是说，我们常说的多媒体一般是指 PPT 课件。因此，本书中所分析的多媒体也以 PPT 课件为主导展开。

PPT 课件，它的含义可以理解为“将要点更有力地展现出来”，其功能是展示教学重难点，梳理教学脉络，把不易理解、不好展示的内容，通过动画、视频进行展示。一份完整的 PPT 课件结构主要包括封面页、目录页、章节页、内容页、结尾页。

从使用场景的角度讲，PPT 主要分为以观众看为主的演讲类 PPT 和阅读型 PPT。演讲型应用于大型发布会，内容和信息都是提炼过的；阅读型以观众为主，内容和信息比较丰富，常用于课件制作等。

在课堂教学中，教学课件 PPT 经常会陷入文字信息过多、逻辑混乱、页面过于花哨和做完 PPT 不测试的四大误区。所以在准备幻灯片内容时，首先要理清表达上的逻辑关系，采用演绎与归纳的思维逻辑对 PPT 的内容进行梳理。内容逻辑可以采用并列关系、递进关系、循环关系、层级关系、对比关系、SWOT 分析法(战略分析法)、交叉关系、鱼骨图、甘特图、扩散关系、金字塔图、架构图等。

好的 PPT 需要确定五大维度：主题、风格、颜色、字体、版式。最重要的是一定要注意统一性，这是最基本的原则。

因此，制作 PPT 最正确、稳妥的方式是先搞清楚具体使用场景和需求，先整理好逻辑框架，然后再进行 PPT 的设计和美化。其中最重要的是三个方面：听众、信息和时长。因为不同的听众所处的角度和思维方式是完全不一样的，所以制作时需要站在对方的角度思考问题。要重点呈现听众想听的信息，而不是只讲演讲者想表达的，也就是在“我想说”和“你想听”之间找一个平衡点。根据演讲时长制作适量的 PPT，剩余时间过多或者超时都应当避免。

## 二、多媒体的制作

PPT 课件的制作包含许多要素，在一定程度上影响着其使用与运用的效果。

### （一）PPT 课件色彩设计

PPT 课件的色彩体系是由背景色彩的平和稳定性、文本色彩的概括洗练性、图形图像色彩的丰富性、动画色彩的灵活性和视频色彩的客观真实性构成的。在设计中，基本的准则就是简洁。在设计中通过色环进行颜色的选择，大致分为同类色、互补色和无彩色＋1。同类色组合使用一种颜色，但是颜色的深浅和饱和度不同，但形成了明暗的层次。互补色（对比色）是成对的颜色，红色和青色互补，蓝色和黄色互补，绿色和红色互补。无彩色＋1 是指，无彩色就是只有黑白灰三种颜色而没有彩色，“＋1”指的是在黑白灰上配一种颜色，起到加强作用。

这里我们要明确几个基本的术语，即色相、明度、饱和度。色相就是颜色身份象征。明度是颜色的深浅程度。饱和度是颜色的相对纯度或者鲜艳程度。非彩色只有明度特征，没有色相和饱和度的区别。背景色彩的选择是多媒体课件色彩设计的主体。从某种意义上讲，背景色彩建立了 PPT 课件的基调和主题。利用不同色彩进行视觉区域划分，可以营造视觉与心理空间感。

### （二）PPT 课件界面布局

多媒体课件的界面布局技巧有六种，分别为重复、渐变、对称、均衡、重复和节奏、对称和均衡以及分割。界面的主体指画面的主要对象，巧妙运用图片中人、动物或物品的朝向来导引观者的视线，起到界面中的导向的作用。在课堂教学中经常会出现内容堆积严重的情况，所以留白与图片、文字具有同等重要的作用。对于重复和节奏，在同一界面中，单纯重复与变化重复的配合使用会收到更加传神的效果。对于对称与平衡，可以是以中轴线为轴的左右对称，也可以是以水平线为轴的上下对称和以中心点为基准的放射对称，并达到平衡。对于分割，可以采取水平分割、垂直分割、水平—垂直分割、变化分割、自由分割和黄金分割，以及三等分等。

### （三）PPT 课件图形设计

图形设计可以采用色块、线条、线框以及使用布尔运算设置图形。图片排版首先选择跟主题相关的高质量图片；其次规避图片缺陷，采用万能的方法就是“形、色、质”；最后利用工具提高我们的效率，如插件、软件、网站和扩展程序。

### （四）PPT 课件图表动画

图表动画通常用来制作饼状图、柱状图和折线图，不同的图表类型呈现的视觉含义也会有所不同。图表重点表达可以采用添加背景浅色色块、更改图表透明度、更改图表色彩等方法。形象图表动画在图表填充的基础上，使用参照数据将图表进行进一步美化。

特效动画包含遮罩动画、三维图片展示动画、图片墙动画、数字滚动动画、放大/缩小动画、基本缩放动画、路径动画、平滑和缩放定位节等。

**(五)PPT课件文字**

文字是PPT中运用最多的一种元素,进行PPT设计时难免会遇到大段的文字排版,解决的方法如下:首先,要注重标题,标题要简明扼要,具有概括性(主+谓),标题是论点,内容是论据。其次,内容需要精炼且达意。阐述性的内容抽象严谨,内容分块拆解,提炼核心含义。

字体选择要"主题突出、美观大方、合情合理、简明有效"。衬线字有笔锋,笔画粗细不一致;无衬线字与之相反,简洁现代,很有商务感。美化文字的方法有美化字体、字号、间距、颜色,能等让PPT的文字内容更加整齐、生动,更能突出教学重点。对于理工科的学生或教师而言,需要经常用到一些数学公式,公式符号以及艺术字等都在顶部菜单栏中的"插入"里面,找到需要添加的模式添加即可。

纵列式排版可以使用线条、线框、色块以及图片分隔,这几种方法同时可以设置视觉焦点,在处理长短段纵列式排版时可以使用线条、线框、色块以及图片分隔,这几种方法可以同时设置视觉焦点,在处理长短段落时也经常使用。需要注意页面统一留白,例如:文字行间距通常为1.3倍,字号大时,行距为1倍,字号小时,文字行间距为1.5倍;页边距可以设置参考线。排版细节:标题字号是正文的字号的1.5倍;页内元素的间距小于页面左右边距;面对大段文字,段落设置两端对齐;分散对齐的距离保持一个字的距离即可。

## 三、多媒体的运用

南国农教授认为,重视多媒体技术教育应用的研究是完全必要的、应该的,但是,如果认为多媒体教学可以取代其他教学,可以取代教师,只重视研究多媒体的教育应用就行了,不必再去研究其他媒体的教育应用,那就是有问题的、不正确的。高校教师在多媒体运用中需注重多媒体教学与传统教学的优化、整合,要做到"三个结合"。

**(一)多媒体课件与板书相结合**

有的学者认为:好的板书是撬开学生智慧的杠杆,是知识的凝练和浓缩,被人们誉为"微型教案"。板书是教师将教学内容经过精心设计后在黑板上的反映。其不仅在内容上可实现概括剖析,恰到好处,而且在形式上有利于因材而异,各具一格,从而指导学生明确重难点,掌握课堂讲授的内容。也可以说,板书是学生解题的样板,是语言表达问题的典范。在使用多媒体课件时,一些关键的公式推导、概念的解释说明、必要的例题解析仍旧要利用传统的板书配合讲解。因为板书不像语言稍纵即逝,可以在黑板上停留较长时间,便于学生做笔记,以待日后复习、巩固。完整的板书可将零散的、不完整的、不系统的知识点连接起来,在学生头脑中形成一个整体,相对于那种把所有内容都展现在课件中,教师只是轻轻一点的做法有明显优势。此外,教师还可以利用"电子白板",用手写笔直接在计算机屏幕上或者在多媒体课件上写、画(且可以擦除)。这样一来,教师就有了更大的发挥空间。同时,学生也可以利用这个时间来理解、思考,从而使学生的思维和教师的教学能够同步。

**(二)多媒体课件与教师备课、学生预习相结合**

使用多媒体教学并不意味着教师可以不备课,并且只是照着事先设计好的课件读给学生就可以了，这样的话，教师将变成一个 PPT 放映员，很难达到理想的教学效果。因此，教师在上课前应该运用现代化技术继承传统教学中备课的各个有效环节，采集教材中的精华部分，找出重难点，有针对性地制作多媒体课件，做到有的放矢。该简的部分简，该详的部分详，而不能“胡子眉毛一把抓”，否则学生将在课堂中无所收获，因为所有的都是重点就意味着没有了重点。教师备课就是让教师更加熟悉教学内容，做到胸有成竹，不至于在面对多媒体课件繁复的内容时手忙脚乱、无所适从。同时，教师也应该鼓励学生课前预习，这就要求教师在课后根据下一节课的教学内容并结合课件给学生布置预习任务。学生可根据教学要求和教师的多媒体课件，做好课前预习工作，这样就能够克服学生吸收、理解知识的速度与教师授课速度之间不一致的矛盾。同时，也可以让学生在预习时找出自己认为的重难点，在听课时做到有的放矢，不至于手忙脚乱。

**（三）多媒体课件与讨论、实物展示、提问等相结合**

如前文所述，多媒体教学中信息量加大给学生的学习带来了一些困难，同时也使得教师很难把握教学进度，其实这个问题可以通过课堂提问、讨论、实物展示等方式加以解决。教师在授课时，根据重难点内容提出问题，供学生讨论，既可以调动学生的学习兴趣，又有利于学生理解重难点内容和加深记忆。对于物理、化学等学科，可以加入实物展示的部分或者试验的部分，毕竟多媒体教学只是模拟，并非学生亲眼所见、亲手所做。其实，提问式或讨论式教学都是传统教学中培养学生素质的一种有效的教学方法。同时，运用这些方法还可以弥补教师和学生之间情感交流减少的缺陷。然而，如何在多媒体教学中运用这些好的传统教学方法，需要不断研究和实践。

# 第六章　备　　课

凡事预则立，不预则废。教学工作尤为如此。备课是教学的起始环节，是预先谋划，是制定教学“蓝图”。只有在课前进行精彩的预设，才有可能在课堂上实现精彩的纷呈。备好课不仅是讲好课、提高教学质量的前提，也是教师丰富教学经验和提高专业知识、业务能力的重要途径，对青年教师来讲更是如此。

## 第一节　备课的要点

备课和上课紧密关联。备课是上课前的准备工作，是制定教学方案的过程；上课则是教学方案的贯彻实施。备好课是上好课的前提，上好课是备好课的结果。要使得备课制定的方案科学、有效，就必须认真思考在备课中面临的问题，即备什么？怎样备？具体来说，备好课需要把握好以下几个方面的工作。

### 一、依据教学目标定终点

教学目标是课程和课堂教学的最终落脚点，在备课与教学实施过程中，要时刻关注教学目标的达成。教学目标的确立，需关注以下几点。

**(一)研读上层文件，确立教学目标**

课堂教学虽是人才培养方案、课程教学大纲、课程教学计划贯彻实施的“最后一公里”，但课堂教学目标的确立，应高度关注人才培养方案、课程教学大纲、课程教学计划等教学指导性文件的相关要求。通过研读人才培养方案了解专业人才培养的目的；通过研读课程教学大纲，搞清课程在人才培养中的地位和作用，各内容模块要达到的目的要求；通过研读教学计划，搞清所授课程的前期、后期的联系，搞清课程的教学目的、基本要求、基本内容等。在教学目标的确定过程中，尤其关注课程设置的社会意义(对军校教师而言，更应关注课程设置的军事意义)，这与恰当融入课程思政密切相关。

**(二)依据教学内容，分层确定目标**

课堂教学目标的确立，应该依据教学内容区分层次。当前，教学目标层次理论繁杂，但在实际教学中，一般依据布鲁姆教学目标理论，分为知识与技能—过程与方法—情感态度与价值观三个层次，或知识—技能/能力—情感/价值观三个层次。这就需要研究教学内容，分层次确立教学目标。在这里需关注三点：一是课堂教学目标的设定应与课程教学目标、教学大纲、人才培养目标方向一致；二是课堂教学目标设定要合情合理，不宜设定课堂教学无法完成的"宏大"目标；三是课堂教学目标的设定要突出学生主体，主语为学生，而非教师，不宜出现"使学生……"等句式。

**(三)重视教学反馈，关注目标达成**

在备课过程中，教师往往会忽视教学目标的达成这一关键环节。教师在备课时应对此进行设计，可通过课堂反应、课程作业、实践操作、阶段考核、课程考核、问卷调查、座谈交流、网上沟通等方法，及时收集教学信息，考察教学目标达成度，便于及时调整教学内容，改进教学模式和教学方法，提高教学效果。

## 二、依据学生学情定起点

现代教学要求教师因材施教，充分挖掘每一个学生的潜能，使他们都能得到不同程度的发展。因此，在备课过程中，教师必须全面、深入地了解学生的情况，即全面地了解、分析学情，以便制定可行、有效的教学方案。

**(一)了解学生的学习经历**

每期生源情况不同，学生来自不同地区，有着不同的经历，如应届生、往届生、战士生等，要了解学生所学的先修课程以及他们掌握的程度，以便有针对性地进行教学内容优化。例如：在准备"控制系统数学模型建立"这部分内容时，就要了解学生前期学习的情况，如复变函数、线性代数，他们学了多少？大多数人是不是掌握了？还需要补课吗？补到什么程度？对控制系统中的元件知道多少？等等，了解了这些情况，才能在备课中针对不同的教学对象，选择适宜的教学内容，并进行整合、优化。

**(二)了解学生知识基础、技能现状**

在备课时，针对具体教学内容，运用逆向设问法，反复提问，并回答这样的问题：学生达到这一水平需要掌握的知识基础、技能，也就是前提条件是什么。一直分析到学生原有的起点水平为止。例如，准备"自动控制原理"中奈奎斯特稳定判据这部分内容时，就是运用了这种逆向设问法。分析、得到判据→要会绘制控制系统开环幅相频率特性曲线或对数频率特性曲线→要明白控制系统开环零、极点和闭环零、极点通过辅助函数所建立的关系→要掌握复变函数中的幅角原理→要懂得两个复平面中函数的映射关系。针对具体问题，备课时是由结果到前提，一步一步进行思考，可能在哪一步会出现问题，如何来解决。而上课时则相反，由前提到结果，一步一步循序渐进，如果哪一步出现了问题，那么针对出现的问题采取相应的措施。这种逆向设问法不仅可以恰当地确定具体问题授课的起点，而且使由前提到结果的中间环节一目了然，因此便于教师针对学生的具体情况、针对出现的不同问题采取有效的教学方法，做到有的放矢。

**(三)了解学生的学习态度、学习习惯**

主要是去了解学生的需要、兴趣、思想状况以及学习、思维的方法和习惯。可以通过以下方式进行：学前调查(向学生干部、授过课的教师、学生本人了解，线上问卷调查)、学初摸底(学生的需要、想法、感兴趣的课题、习惯以及对教师的要求、希望)、学中诊断(课堂观察、课堂提问、作业批改、辅导答疑、试卷分析、个别交谈等)。

**(四)了解授课班级的学风**

学校的中心工作是教学,学风直接影响着教学质量,班级是高校学风建设的一个最基本的单位,良好的班级学风有助于教师高质量地进行授课,有助于师生双方在一个愉悦的环境中进行学习和交流。因此,教师在备课时要了解授课班级的学风,主要是指该班学生的学习动机、学习目标、学习动力、学习态度、学习习惯、学习氛围等,以便在教书中育人,使学生们树立正确的人生目标和奋斗方向。

在掌握大量事实和数据的基础上,教师应认真分析学生学习现状与课程教学目标之间的差距,从教学内容、教学方法、教学手段等方面提出相应的教学对策。

### 三、研读课程教材定体系

课程教材是课程教学的基本依据,也是学生预习、复习的重要依据。备课必须在充分研读教材的基础上,根据教学大纲的规定,合理规划课程教学体系,推动内容理论体系由教材体系转化成教学内容体系。在此过程中,应关注以下两点。

**(一)转化的教学内容体系应易教更易学**

教师应在吃透教材的基础上,重构教学内容体系。当然,不能为了重构而重构,而应为了易教更易学。例如课程“人民军队历史与优良传统”,教材是按照时间发展的逻辑编写的,学生又都有一定的党史、军史基础,如果完全按照教材编排的体系,难免影响深入学习的教学效果。为此,课程组可将其内容体系调整为“四线交织内容体系”:军史为经,战史为纬,历史为形,传统为魂,构建内容体系。各部分均分为军史、战史两个专题,传统隐含其间,最后对传统进行总结。各小专题,独立成篇;各个专题,串珠呈线;三线交织,贯彻始终。如此调整会使教学内容条理清晰,学生印象深刻。

**(二)要通过研读文献资料丰富教学内容体系**

仅仅研读教材是不够的,教材仅是教学大纲简单的扩充,是教学内容要点的汇编。因此,还要想方设法更多地占有资料。这就需要以教材为原点,向四周扩散挖掘。对于不涉密内容,要充分利用互联网收集资料,常用的数据库有中国知网、万方学术期刊数据库、维普中文科技期刊数据库、读秀等网站。校园网均有此类数据库。在家办公,可利用国家图书馆、省图书馆网站远程免费查阅。对于系统内部资料,要充分利用军综网、校园网,特别是国防大学军事教育学科数字图书馆。此外,查阅资料时,还要关注相关理论知识的拓展,关注相关教学方法的研究,善于借鉴他人的教学经验。

## 第二节　教案撰写的原则

教案是备课最直接的成果。教案是教师经过备课,以课时为单位设计的教学方案;是教师根据教学大纲、课程教材、课程教学计划的要求,对教学内容进行教学法加工,组织教学过程的具体计划;是对课堂教学目标、教学内容、教学活动方式、教学活动时间分配、教学所需媒体资源、保障条件、评价与反思等进行的整体设计。教案是课堂教学的纲要，是教师实施教学的主要依据，课堂教学的全过程都应在教案的指导、规范下进行。提高教案设计水平对推进教学改革、提升教学效果、规范教学文件具有重要的意义。教师对教案进行设计、撰写的时候，应注意把握以下原则。

## 一、借鉴先进理念，推动教学改革

教案是教师开展教学的方案设计，是体现教育教学理念的过程。设计教案时，教师也尽量学习、研究、借鉴先进的教学理念，以期更好地实现教学目标，提升教学效果，推动教学改革。当前的军队院校教案设计，应当坚持新时代军事教育方针，坚持学为主体，坚持 OBE (Outcome Based Education)教学理念，同时借鉴先进的教学模式和教学方法。

### (一)坚持新时代军事教育方针

坚持立德树人，就要推进课程思政的改革与实践，推动思政教育与课程教学的有机结合，恰当融入；坚持为战育人，就要大力推动实战化教学改革。因此，教案设计中应包含明确的“课程思政”版块，教学内容向部队、向战场、向未来贴近。

### (二)坚持学为主体

在教学目标的设定上，应以学生的学习效果来评定。在教学目标的语言阐述上，应以学生为主语(不是“使学生能够”，而是“学生能够”)，行为动词避免使用“了解”“理解”“掌握”等模糊性词语，而应当使用“阐释”“辨析”“批驳”“论证”“点评”“设计”等明确、具体、可测的动词。在教学活动的组织上，也应设计学生活动的主线。

### (三)坚持 OBE 教学理念

OBE 教育理念是遵循结果导向，进行反向设计教学体系的教育模式，它是成果导向、需求导向、能力导向或目标导向教育理念。落实到军队院校教学实际，就是从学生毕业后岗位任职所需能力出发，反向设计教学体系。需要说明的是，当前军队院校普遍以学生毕业时任职(即排级岗位任职)能力的需要来设计教学体系。实际上，OBE 教学理念应以学生毕业后五年内岗位任职能力的需要来反向设计。因此，军队院校应依据连、排级岗位任职能力的需求来进行教学设计。对此，在教案设计中应予关注。

此外，诸如翻转课堂、混合式教学、现象教学、情景教学等较为先进的教学模式和教学方法，在教案设计中也应有所体现。

## 二、强化顶层设计，构建闭环回路

教案是教师组织教学活动的蓝本，教案设计在教学中的地位，犹如设计蓝图对大厦建设的作用。因此，尽管教案仅是以课时为单位的教学设计，但是仍需强化顶层设计，构建教学活动的闭环回路。

### (一)与上层文件精神形成闭环回路

人才培养方案、课程教学大纲、课程教学计划、课程教学设计是课堂教案的上层文件。教案设计应与上层文件精神相一致，形成闭环回路。上层文件中规定的人才培养目标、教育理念、课程教学目标、教学策略等，在教案设计中应有所体现，绝不可另起炉灶，各搞一摊。

### (二)与教学目标形成闭环回路

教案应在精准分析学情的基础上,紧紧围绕教学目标开展设计,即教学重点的确立、矛盾问题的研讨、教学互动的设计、教学方法和手段的选择,教学时间的分配、教学效果的评价,均应以教学目标为出发点和落脚点。

### (三)与教学实施形成闭环回路

教案"教学设计"部分提及的要素(如"思政设计"),在"教学实施"部分相应的位置应明确作出"思政点"的备注。另外,教案是课堂教学的实施方案,不是课堂教学的"表面文章"。在课堂教学实践中,应尽量落实预先做好的教学方案。对年轻教师而言,尤需如此。

## 三、确保要素齐全,力求简洁高效

作为课堂教学的预案,教案应力求结构完整,要素齐全;作为教师课堂教学实践中经常翻看的教学活动"蓝本",教案应力求简洁高效、一目了然。在进行教案设计时,要恰当处理好二者的关系。

### (一)结构完整

"教学设计""教学实施""教学反思"三部分不可或缺;综合考虑课前、课中、课后三个教学环节;合理设置教师、学生两条活动主线。

### (二)要素齐全

教案应包括下列基本要素:本讲题目、学时、教学形式(理论授课、实践教学)、学情分析(重点分析学生学习本讲已有的知识和能力基础)、教学目标、教学进程、重难点分析(如何突出重点、突破难点)、思政设计、教学方法、教学手段、师生活动主线、板书设计、教学实施、教学评价和教学反思等。

### (三)简洁高效

以图表的形式代替烦琐的文字阐释:将基本要素放入表格的相应位置,以规范的教学流程图(见图 6-1)勾勒师生活动主线,以思维导图设计板书,等等。在关键教学环节,以红、绿、蓝等记号笔,在纸质版教案上作出明显的标识。设计使用相对固定的教案模板,熟练使用 Word、Wps、X-Mind 等软件,提升教案撰写的效率。

| 图 形 | 意义说明 | 图 形 | 意义说明 |
| --- | --- | --- | --- |
| 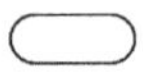 | 开始,结束 |  | 教师活动 |
|  | 学生活动 |  | 决策,判断 |
|  | 一般教学内容 |  | 教学媒体 |
|  | 流程线 | 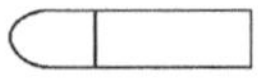 | 教学媒体与教师活动的组合 |
|  | 教学媒体与学生活动的组合 | 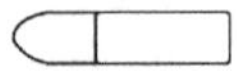 | 教学媒体与教学内容的组合 |

**图 6-1 教学流程图图例**

## 四、突出课程特色，彰显个人特点

教案虽应有相对固定的模板，但是教案的设计绝不应千篇一律，而应突出课程特色。以政治理论课程教案为例，可调整教学目标体系，并在“教学设计”部分增加“‘三进入’设计”“实战实践设计”两个版块。2019 年 5 月 31 日，习近平主席在“不忘初心、牢记使命”主题教育工作会议上指出，“坚持学思用贯通、知信行统一”。据此，可将政治理论课程教学目标体系由原来的“知识—能力—价值”体系，调整为“学知—思信—用行”体系。将学生在实际学习、训练、工作中的“用行”作为教学目标的最高境界，这也符合政治理论课程设置的初衷。开展党的创新理论“三进入”工作本就是政治理论教学题中应有之义。增加“‘三进入’设计”，就是加强推动党的创新理论、特别是习近平主席最新讲话精神及时进入课堂。增加“实战实践设计”版块，是因为“向实战聚焦、向实践转化”，既是当前政治理论教学评价的重要评价点，也是近年来政治理论课教学改革的方向。如此设计，政治理论课程特色就能凸显出来，也有利于深化政治理论课教学改革。

教案是教师对教学内容富有个性化的解读，教案应该体现教师个人的教学特点。即使同在一课程组，不同教师的教案也不应相同。例如，笔者从事“人民军队历史与优良传统”教学，结合自己的工作经验、教研成果，在教案“实战实践设计”中，指导学生以战例为背景，进行临战动员讲话、拟制宣读心理战文书、模拟召开作战会议、制作宣传海报和宣传视频等，以期学生在更好地掌握知识的基础上，锻炼提高岗位任职能力。如此进行教案设计，既可彰显教师的教学个性和教学风格，又可更好地达成教学目标。

## 五、关注效果评价，注重教学反思

教学是一个不断总结、不断反思、不断完善的过程。每次授课后，教师均应评价教学效果，开展教学反思，进行再教设计。但当前大多数教师对此并不重视。为了更好地解决这一问题，教案中应增加相关设计。

### (一)创新课堂教学效果评价形式

当前课堂教学效果评价一般通过书面作业、阶段测试、课终考核来完成。评价形式比较单一，评价结果的出台、评价结果的运用也比较滞后。教师应发挥主观能动性，积极创新课堂教学效果评价形式。例如，利用信息技术平台开展课上抢答、随堂测试，课后布置口头作业，组织实践活动，开展问卷调查，等等。丰富多彩的课堂教学效果评价形式，在教案上应有所反映，并被纳入形成性考核评价的范畴。

### (二)注重教学反思

课堂教学是一门遗憾的艺术。遗憾就需要反思和改进。优秀教师的成长也离不开教学反思。教育家叶澜曾指出，一个教师写一辈子教案不一定成为名师，如果一个教师写三年的反思，有可能成为名师。鉴于此，教案应设计“教学反思”版块。教学反思，既反思“教”，也反思“学”。教学反思一般从“成功之处”“不足之处”“教学机智”“学生创新”“再教设计”五个方面进行，其中“再教设计”最为重要。需说明的是，“教学反思”应在课堂授课结束后，用笔填于教案之上。

教学改革不断深入，教学理念不断创新，教案设计就应不断完善。广大教师必须以饱满的热情投入到教案的设计之中，通过规范的文本，对接先进的教学理念，探究学生的学习状态，设置合理的教学环节，科学评价教学效果，总结反思改进举措。只有如此，才能更好地提升教学水平，才能有效履行教育教学的使命职责。

## 第三节　教案样例

为便于理解和掌握，现以军队院校政治理论必修课程“人民军队历史与优良传统”之“工农红军的万里长征”为例，对教案的撰写进行介绍。该教案样例以人才培养方案、教学大纲等上级文件为指导，在遵循前文提及的教案撰写原则的基础上，力求突出军队院校政治理论课程特色。在教案的撰写过程中，每门课程也应彰显各自的课程或学科特色。

**第×讲　教案**

<table>
<tr><td colspan="2">题　目</td><td colspan="6">工农红军的万里长征</td></tr>
<tr><td colspan="2">学　时</td><td>2</td><td>对应教材章节</td><td>第×章第×节</td><td>教学形式</td><td colspan="2">理论授课</td></tr>
<tr><td rowspan="3">教学目标</td><td>知识</td><td colspan="6">学生能够复述……<br>【注意】主语为学生，行为动词避免使用“了解”“理解”“掌握”等模糊性词语，而使用“阐释”“辨析”“批驳”“论证”“点评”“设计”等明确、具体、可测的动词</td></tr>
<tr><td>能力</td><td colspan="6">学生能够……</td></tr>
<tr><td>价值</td><td colspan="6">学生能够……</td></tr>
<tr><td colspan="2">学情分析</td><td colspan="6">【注意】重在分析学生已有的知识和能力基础</td></tr>
<tr><td colspan="8">教学进程</td></tr>
<tr><td colspan="2">序号</td><td colspan="5">本讲主要环节（内容）</td><td>时间</td></tr>
<tr><td colspan="2">1</td><td colspan="5">【注意】教学进程往往依据教学实际情况进行调整。因此教学环节时间的划分，不可能也不应太精确，因此仅为大约时间</td><td>约 15 分钟</td></tr>
<tr><td colspan="2">2</td><td colspan="5">……</td><td>约 30 分钟</td></tr>
<tr><td colspan="2">3</td><td colspan="5">……</td><td>约 15 分钟</td></tr>
<tr><td colspan="2"></td><td colspan="5"></td><td></td></tr>
<tr><td colspan="2"></td><td colspan="5"></td><td></td></tr>
</table>

**续 表**

| | | |
|---|---|---|
| 重难点分析 | | (1)"……"。重点。通过……方式,突出重点。<br>(2)"……"。难点。采取……方式,突破难点 |
| 讲授思路 | | (1)以……逻辑,安排本讲内容。<br>(2)讲解要在学生已有知识基础上,挖掘问题,突出细节(翻转课堂)。<br>(3)思政设计:…… |
| 教学策略 | | (1)采用线上线下混合式教学模式。利用慕课资源预习,雨课堂进行测试,网盘拓展学习内容。<br>(2)借鉴翻转课堂理念,学生课前自学,教师课上进行知识梳理和理论深耕。<br>**【注意】**教学策略,包括教学方法和教学手段 |
| 教学环节 | 课前 | 完成教材预习、慕课学习和雨课堂小测。<br>**【注意】**统筹课前、课中、课后各环节 |
| | 课中 | 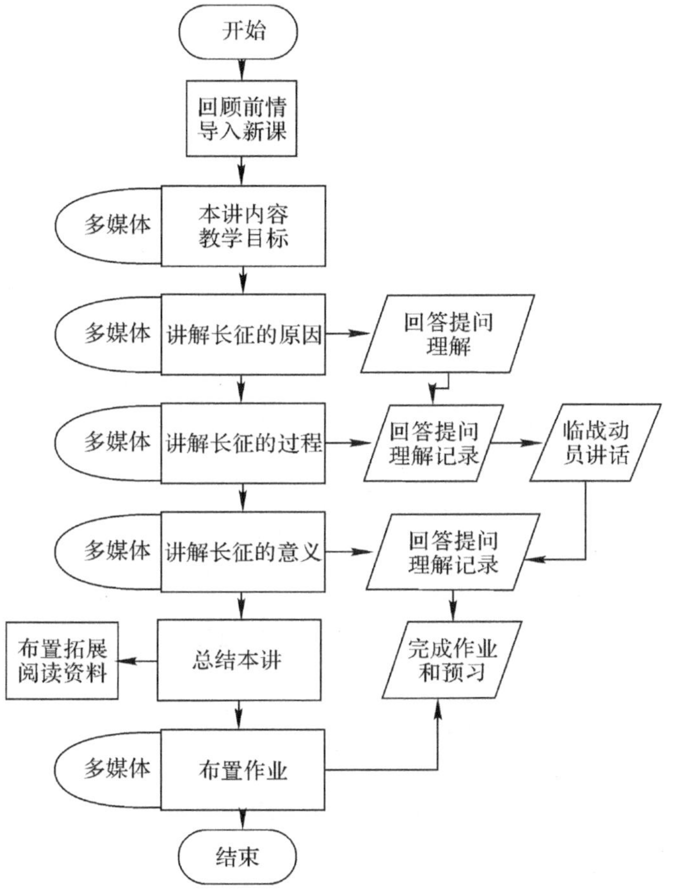 <br>**【注意】**流程图左列为教师教学活动环节,右列为学生学习活动环节。此外,在智慧教学深入开展的时代,应当将智慧教学设计囊括其中 |
| | 课后 | 布置书面、实践和预习作业<br>**【注意】**课后通过作业等手段,对教学效果进行检测 |

**续表**

板书设计

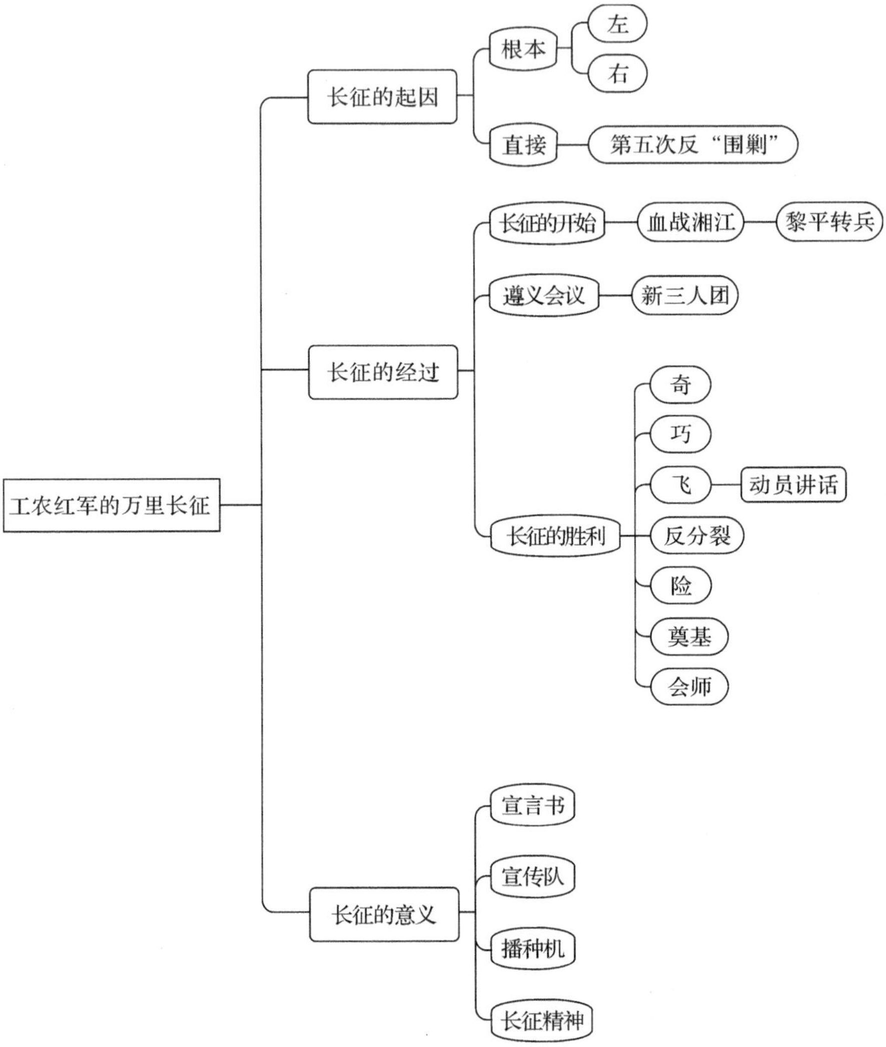


**【注意】**板书的设计，力求简约明了、一目了然。可借助思维导图，将教学内容内在的关联交代清楚。同时，尽量避免与教案主体的一级、二级标题简单的重复

## 第×讲
## 工农红军的万里长征

**★课前**

1.学生完成教材第×章第×节阅读。

2.完成海军工程大学慕课之第×讲、第×讲学习。

3.完成雨课堂课前测。

**★课堂教学**

上一讲我们讲了土地革命战争时期的红军作战原则。……

导言

**本讲目录**

一、长征的起因

二、长征的过程

三、长征的意义

**教学目标：**

知识：能够……。

能力：能够……。

价值：能够……。

PPT 展示本讲“学习目标”

**一、长征的起因**

（一）根本原因：中央的“左”倾错误

大革命失败后，出于对右倾的愤恨，“左”倾的情绪开始滋长起来，瞿秋白、李立三、王明先后在党负总责，接连出现三次“左”倾错误，尤其是王明的“左”倾教条主义的错误，给党和红军的革命事业造成严重的损失。

【课堂小教师】“左”和“右”的区别

……

长征在我们党、国家、军队发展史上具有十分伟大的意义，对中华民族历史进程具有十分深远的影响。——《习近平：在纪念红军长征胜利80周年大会上的讲话》

【拓展阅读】习近平在纪念红军长征胜利 80 周年大会上的讲话

**★课后**

1.书面作业：……

2.实践作业：……

3.预习作业：……

## 教学反思

| | |
|---|---|
| 成功之处 | |
| 不足之处 | |
| 教学机智 | **【注意】**教学过程中随机应变的地方 |
| 学员创新 | **【注意】**善于抓住学生的闪光点,给予及时的表扬和鼓励 |
| 再教设计 | **【注意】**此部分是教学反思的重头戏,是对本讲内容下一轮教学的改进设计 |

# 第七章　教学组织与实施

教学准备虽然在很大程度上决定了教学的质量和效果，但“最后一锤子买卖”的教学组织与实施会在一定程度上起到“一锤定音”的作用，因此，教师在进行教学准备的基础上，必须精心设计教学的组织与实施，并付诸实践，才是保证教学效果、实现教学目标的根本。

## 第一节　教学实施策略

教学本身是一个复杂的综合体，科学、合理、针对性强、高效的教学实施策略，在很大程度上影响甚至决定着教学效果，进而会影响到人才培养质量。

### 一、教学实施策略内涵

“策略”，在《汉语大词典》中有两个层面的解释：①谋略；手段。②与战略相对。为实现战略任务而采取的手段。既有稳定性，又有较大的灵活性，随着客观形势的变化而变化。按照这个解释，“教学实施策略”应该直解为“为实现教学任务而采取的手段”。如果将“策略”定位为“手段”，则有一定的误解，因为从逻辑学上讲，“手段”往往指物质的条件，是体能上的一种延伸或扩展。因此，按照这种解释来界定“教学实施策略”无法准确反映出“教学实施策略”的作用、价值。

#### (一)教学策略相关认识

《兼职教师必备教学技能》一书中对“教学策略”的解释为：教学策略是关于有效地解决教学问题的方法、技术的操作原则与程序的知识，是对完成特定的教学目标而采用的教学顺序、教学活动程序、教学方法、教学组织形式和教学媒体因素的总体考虑。根据这一界定，该书将“教学策略”进行了分类，如图 7－1 所示。按教学形成分类，教学策略可分为以下三种。生成型教学策略是指把教学策略的出发点定位在学生身上，是一种以“学”为中心，重点控制“学”的教学策略。替代型教学策略主要强调教师在学生学习过程中的指导作用，是一种以“教”为中心，重点控制“教”的教学策略。指导型教学策略是介于生成型与替代型教学策略之间的教学策略，是一种适用范围比较广的教学策略，强调教师的指导作用，而且按照一定的教学步骤，形成一定的结构形式，也被称为指导型教学模式。按功用分类，教学策略可分为以下四种。内容型教学策略是指以教学内容的难易度和内在的逻辑结构为中心的教学策略，形式型教学策略是指以教学组织形式为中心的教学策略，方法型教学策略是指以教学技术和教学方法为中心的教学策略，任务型教学策略是指以教学任务的类型为中心的教学策略。

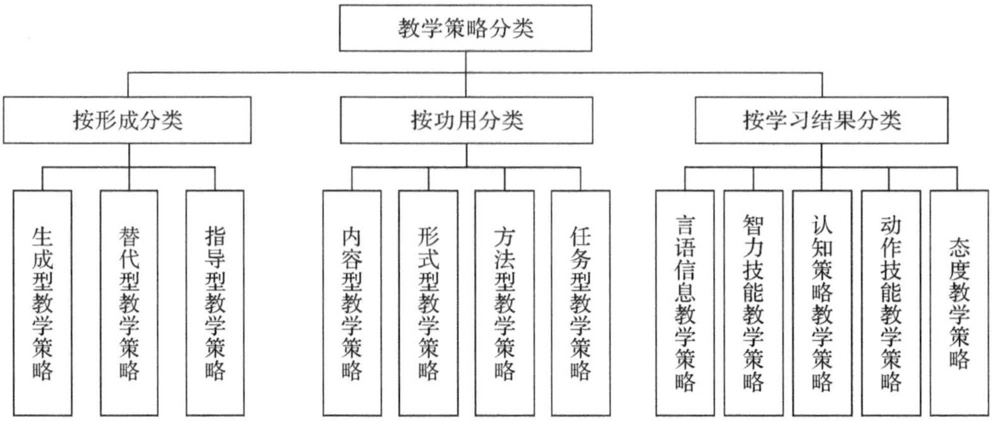


**图 7－1 《兼职教师必备教学技能》中对“教学策略”的分类**

《兼职教师必备教学技能》一书中明确的“教学策略”在一定程度上反映了我们“想象”中的“教学策略”。但我们应该注意区分的是，该“教学策略”并非“教学实施策略”，也就是说，其不仅是指“实施”问题，还包括“教学准备”等前端的策略，与本书中所讲的“教学实施策略”还有一定的差异。

《现代教学论纲要》一书将“教学策略”区分为基本教学策略和支持性教学策略，其基本分类如图 7－2 所示。基本教学策略中的基本是指教学策略所指向的教学目标是教学活动所必须实现的基本目标，这类教学目标有认知教学目标、技能教学目标和情感教学目标。支持性教学策略是相对于基本教学策略而言的，它对实现基本教学目标起支持作用。对教学活动的支持主要是对教学活动的组织和管理。

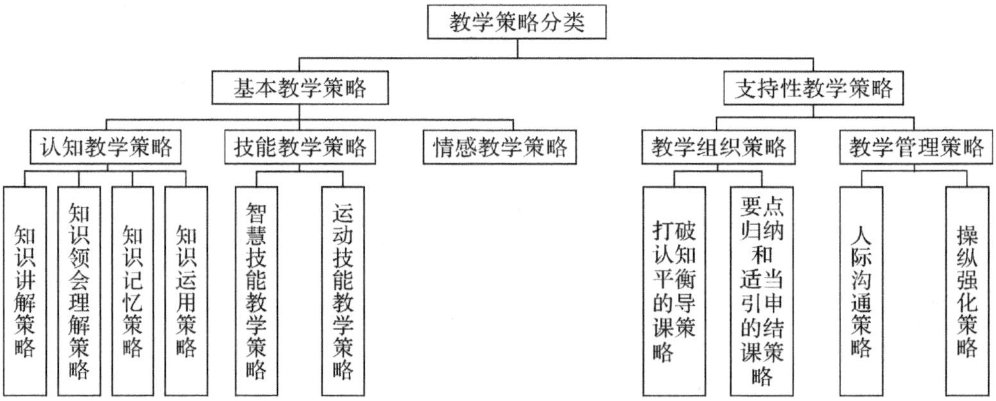


**图 7－2 《现代教学论纲要》中对“教学策略”的分类**

对于《现代教学论纲要》中所描述的“教学策略”，主要是从功能作用的角度来进行区分的，也就是着眼不同功能作用有针对性地进行教学策略设计，这样区分的优点是便于有效的掌握，能够有针对性地展开。不足之处是当前的策略还仅仅是一种区分，在此策略下仍然还要进行设计，才能达成当前策略所描述的“功能作用”。尤其是对教学实施这个环节，更需要针对实际情况进行设计，操作性还显不足。

**(二)教学实施策略的界定**

前文分析了当前对“教学策略”的一些认识和界定，如果将“教学策略”与“教学实施策略”进行等同，则会在一定程度上抹杀两者的区别和差异性，进而会影响到策略的针对性和可操作性。因此，本书在总结、梳理“教学策略”相关认识的基础上，对“教学实施策略”进行了界定，即所谓“教学实施策略”，是指在教学实施阶段，针对教学对象、教学目标、教学内容等，为保证课堂教学效果和质量而采取的有针对性的教学思路和原则，进而转化为可操作的并在教学过程中具体实施的措施、办法等。这个解读，主要在以下四个方面进行了界定。

一是定位为教学实施这个环节。也就是要突出其“教学实施”这个阶段或环节，并不着眼教学的全过程，以增强该策略的针对性，区别于前文所述的“教学策略”，从而能够在教学过程中更加有效地发挥作用。

二是教学实施策略所反映出的既是思想又是行动。这样的界定，明确了教学实施策略既是思想认识上的一种反映，又是具体过程中的一种措施和办法，既体现出认识上的主导，又体现出活动中的具体落实。

三是强化了策略的针对性和可操作性。教学实施策略并不是凭空想象的，而是根据教学对象、教学内容、教学目标等有针对性地设计并实施的，既要在思想认识上有所体现，又要落实到具体的教学过程中，也就是一定是在教学实施过程中有所体现并得到落实，进而才会对教学效果和质量产生影响。

四是突出了课堂这个主战场。教学实施过程的主阵地、主战场就是课堂，通过不同形式的课堂才体现出教学的实施过程，一切教学目标最终的实现都必须落实在课堂上。因此，教学实施策略必须针对课堂设计与实施，只有抓住这个根本，才能够确保教学实施策略的效果和价值。

## 二、教学实施策略的分类

基于上述内容对“教学实施策略”的界定，可以进一步研究、分析“教学实施策略”的分类问题。从前文的梳理来看，其按照不同分类方式对“教学策略”进行了分类，本书也在文中分析了这种分类的“优劣”所在，为增强“教学实施策略”的针对性和可操作性，本书从实用的立场来对其进行分类。

教学实施策略按照课堂教学的主体主导的不同，可以区分为理论主讲策略和实践作业策略；根据课堂教学对象的规模，可以区分为大班策略和小班策略；根据课堂教学对象的区分度，可以区分为统一化策略和个性化策略；根据课堂教学所使用的手段、介质，可以区分为传统策略和智慧策略；按照每堂课的组织过程，可以区分为课堂导入策略、课堂组织策略、课堂控制策略、课堂互动策略、课堂检验策略、课堂小结策略；等等。大致分类如图 7－3 所示。

以上策略分类是按照不同依据、从不同维度对教学实施策略进行的区分，在具体教学实施时，可以根据实际情况对其进行组合，选择确定针对性的“组合式”“教学实施策略”。

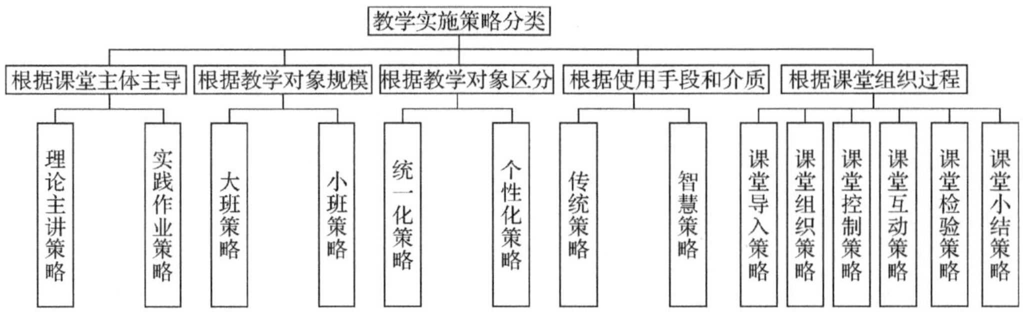


**图 7-3　教学实施策略分类**

以上教学实施策略实际上是按照单一依据进行的分类，都是表达的教学实施的某一个侧面，并不能涵盖整个教学实施过程，只有根据课堂组织过程所进行的区分，才体现了课堂教学实施的整个过程。因此，真正在组织实施教学时，可以从这个认识的视角来设计并确定教学实施策略，以增强其全过程、全方位的作用价值。

## 三、教学实施策略的选择运用

认识“教学实施策略”，明确“教学实施策略”分类，目的是在教学过程中能够有效地运用“教学实施策略”，使其在促进教学目标实现和提升教学效果中发挥出更好的作用。因此，对“教学实施策略”的选择与运用，需要从以下六个层面进行认识与把握，如图 7-4 所示。

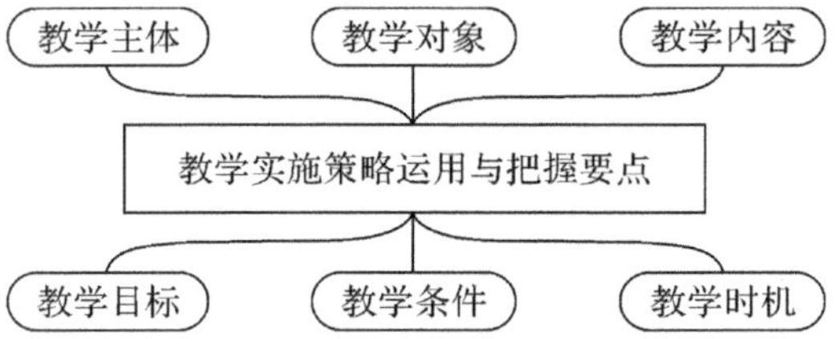


**图 7-4　教学实施策略运用与把握要点**

### (一)区分教学对象，选择确定教学实施策略

对于教学而言，其核心和关键点都在于教学对象，必须将教学的一切向教学对象聚焦，只有完全围绕教学对象需要而发力用劲，才是核心要义所在。选择确定教学实施策略，必须紧密分析教学对象的背景、兴趣爱好、经历，甚至是家庭状况、生活状态等方面的情况，依据这些情况，科学而有针对性地采取相应的教学实施策略，也就是“对症下药”，才能体现出服务于“教学对象”的现实需要，才是我们选择并确定教学实施策略的关键所在。

### (二)区分教学主体，选择确定教学实施策略

所谓的教学主体，亦指教师，不同风格特点的教师，应该选择确定不同的教学实施策略，例如：善于表达的教师可以突出讲授策略，而不善于表达的教师则可以突出实践作业教学实施策略，如采取研讨、案例等方式；知识渊博、积淀深厚的教师可以突出理论讲授策略，通过自己牵引学生深化认识，使其在掌握基本教学内容的基础上进一步扩展，而年轻教师则可以采取统一策略，中规中矩地完成教学任务。

**(三)区分教学内容,选择确定教学实施策略**

教学内容是“王道”,如果其他所有的方面都好,但没有落实好“教学内容”,依旧等于“零”,只有围绕教学内容,有针对性地选择能够更好地将教学内容落实得有效的教学实施策略,采取有针对性的对应方式,不断调整优化教学实施策略,增强教学实施策略与教学内容的适应性,才会在很大程度上提升教学质量和效果。而不同的教学内容,如果不加辨析地采取“囫囵吞枣”的办法,对于教学实施策略一概而论,则一定会影响到教学内容落实的质量和效果。

**(四)区分教学目标,选择确定教学实施策略**

实际上,教学目标是与教学内容紧密相关的,一定的教学内容必然对应着相应的教学目标,而且一门课程既会有总目标,也会有分目标,对于人才培养也必然有总目标,也有分目标,而人才培养的分目标则通过一项项的教学活动和教学内容而达成。因此,在依据教学内容选择确定教学实施策略的基础上,还要着眼于教学目标的实现,即选择确定的教学实施策略,必须更有利于且有效服务于教学目标的实现,有助于教学目标更好达成。

**(五)区分教学条件,选择确定教学实施策略**

想法再好,如果没有相应条件的支持也很难达到想要的效果。例如前文所说的智慧教学策略,如果没有相应手段和条件的支持,根本就无从谈起“智慧”。因此,选择确定教学实施策略,还必须从实际出发,甚至以物质条件为基本考量,在发挥主观能动性的基础上,必须要有必要的条件作为支撑,如此才能保证所选择确定的教学实施策略能够按照预期发挥出相应的作用。

**(六)区分教学时机,选择确定教学实施策略**

所有的教学对象既处在学习的小环境中,又处在世界、国家、社会、家庭等大环境中,所有环境的变化,都会对教学对象产生一定的影响,进而对其学习也会产生影响。着眼于此种认识,教师在选择确定教学实施策略时,在一定程度上也应该考虑到其所处的环境情况,也就是把握住相应的教学时机,如在什么环境下运用什么样的教学实施策略,能够取得更好的效果,这就要做到“灵活机动”,既要做到课前的有效准备,更要做到课中的调整变化,做到“恰到好处”。

## 第二节　理论教学组织实施

理论教学,更准确地说应该是“讲授教学”,也就是以教师为主导,在课堂上以教师讲授为主的教学方式,从时间上看,教师讲授占据主要课堂时间。理论教学组织实施一般包括导入、讲授、提问、板书、讨论、小结等环节,有些情况下还包括演示、前测和后测等环节。理论教学大致包括的环节步骤如图 7 - 5 所示。

对于这些步骤和环节,一般情况下有一定的先后顺序,但某些环节步骤可先可后,或者是并行展开,如讲授、提问、讨论、演讲和板书等,在具体组织实施时可根据实际情况进行。

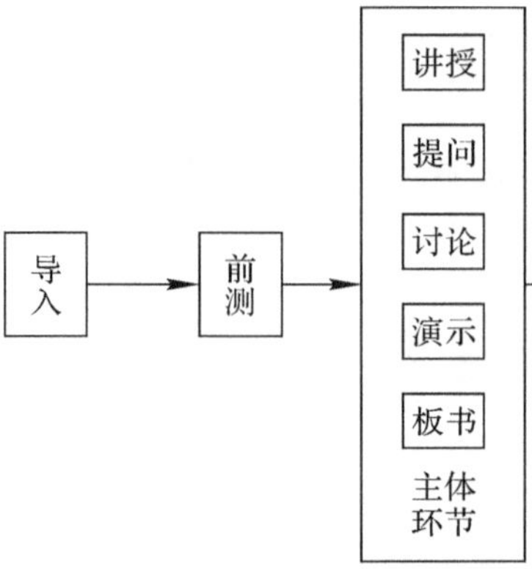


**图 7-5　理论教学组织实施环节步骤**

## 一、导入

导入是一堂课的前奏，是一次课开始前或者一项新的教学内容、教学活动开始之前，引导学生做好心理准备和认知准备，并让学生明确学习目标、学习内容以及学习方式的一种教学行为。导入是课堂教学中的重要一环，著名特级教师于漪曾说，在课堂教学中要培养、激发学生的兴趣，首先应抓住导入新课的环节，一开始就把学生牢牢地吸引住。高超、新颖、别致的导入，能迅速激发起学生学习的兴趣和情感，启发和引导学生的思维，促使学生在最短的时间内集中注意力并进入到课堂角色，可以为新知识的引入创造良好的氛围，为课堂教学的展开奠定良好的基础，有助于整堂课教学的成功。

导入作为课堂教学的重要环节，直接影响学生学习的情绪和效果。为保证效果，一般情况下导入应该遵循目的性、启发性、趣味性、简洁性的原则，以更好地达成目的。

导入的方法必须结合教学内容、教学目标以及准确分析学生认知特点而确定。不同的课程可以有不同的导入方式，同一课程的不同内容也可以有不同的导入方式。一般情况下，导入的方法有以下几种，如图 7-6 所示。

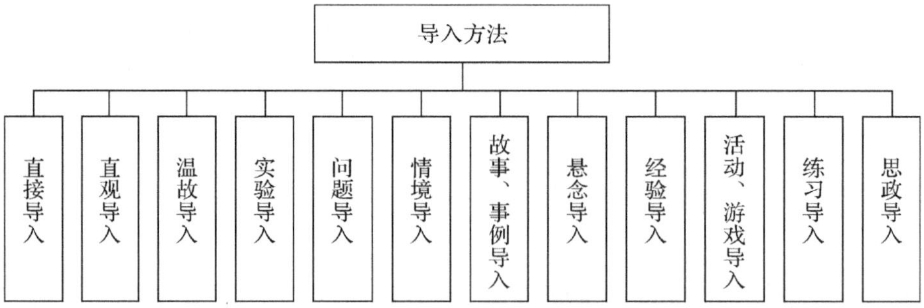


**图 7-6　导入的一般方法**

直接导入就是教师直接阐明学习目标和要求，以及本节课的教学内容和教学安排，通过简短的语言叙述、设问等引起学生的关注，使学生迅速进入学习情境。直接导入是最简单和最常用的一种导入方法。开门见山、直接点题的直接导入，可以使学生迅速进入学习主题，节省教学时间。但这种导入方法具有一定的局限性，过于笼统、概括，也过于刻板枯燥，缺乏强烈的感染力，难以在短时间内吸引学生的注意力，激起学生的学习兴趣。若把握不好，容易平铺直叙，流于平淡，也可能造成“导而不入”的情况。

直观导入是指教师通过实物、标本、挂图、模型、图表等直观教具，以及幻灯、投影、电视、录像、计算机等媒体对与教学内容相关的信息进行演示的一种导入方法。直观导入具有生动形象、具体感性的特点，它在吸引学生注意力、激发学生学习动机、培养学生学习兴趣、发展学生想象力、培养学生观察力、帮助学生理解抽象知识、加深学生对知识的印象等方面发挥着重要作用。在进行直观导入的同时，教师应该不失时机地提问或叙述，以指明学生的思考方向。

温故导入是指教师通过帮助学生复习与即将学习的新知识有关的旧知识，从中找到新旧知识的联结点，以旧知识为基础发展深化，合乎逻辑、顺理成章地引出新知识的一种导入方法。如此导课，教师精心设计恰当的问题，使学生从已知领域自然地进入未知领域，不仅简洁流畅，而且加强了新旧知识的联系，让学生通过对“尝试题”的思考与探究，自主获取新知识，培养自学能力。需要注意的是，上述提及的旧知识不一定是前一节课的知识，也可以是与即将学习的新知识有联系的更早学过的知识。另外，为提高学生的参与度，回顾旧知识应简明扼要且尽量让学生自己来复习。

实验导入是指教师通过利用实物、模型、图表、幻灯、投影、电视等教具演示生动有趣的实验，引导学生认真观察、积极思考实验中的各种现象，使学生进入学习情境的一种导入方法。在实验导入时，教师应根据具体情况，尽量让学生自己动手操作，提高学生的参与程度，变教具为学具，以调动学生学习的积极性，培养学生进行科学探索的兴趣。

问题导入是指教师提出富有挑战性的问题使学生顿生疑虑，引起学生的回忆、联想、思考，从而产生学习和探究欲望的一种导入方法。需要注意的是，提出的问题要有一定的难度，要使学生暂时处于一种“愤、悱”状态，并且要以疑激思，使学生的思维尽快活跃起来。

情境导入是指教师利用语言、设备、环境、活动、音乐、绘画等各种手段创设一种符合教学需要的新奇、生动、有趣的学习情境，使学生展开丰富的想象，产生身临其境的感受，从而唤起学生情感上的共鸣，使学生情不自禁地进入学习情境的一种导入方法。运用情境导入法应注意两点：一是善于创设情境；二是加强诱导，激发思维。

故事、事例导入是指教师通过讲述与教学内容有关的具有科学性、哲理性的故事、寓言等或生活中的事例、报纸上的新闻等，激发学生兴趣，启迪学生思维，创设问题情境引出新课，使学生自觉进行新知识学习的一种导入方法。在采用故事导入时，教师要注意以下几个方面：故事、事例选用要有趣味性、启发性和教育性；故事、事例要短小精悍；故事、事例要针对性强，能为讲课主题服务；导入的效果不仅与故事、事例本身的趣味性有关，还与讲故事、事例的方式有关。

悬念导入是指在教学中，巧设带有启发性、悬念性的疑难问题，创设学生的认知冲突，给学生造成一种神秘感，从而激起学生的好奇心和求知欲的一种导入方法。创设悬念要恰当适度，应结合教学内容与目标及学生的认知特点与身心特点而设置，不悬则无念可思，太悬则望而不思。只有巧妙而适度地创设悬念，才能使学生积极动脑、动手、动口，去思、去探、去说，从而进入良好的学习情境。

经验导入是指教师以学生已有的生活、学习经验作为切入点，通过激活将要学习的教学内容中有关学生的亲身经历，引导学生学习新知识的一种导入方法。经验导入从生活实际出发，利用学生的成长经验导入新课，会使学生产生亲切感，能引起学生的求知欲望，更易激起学习兴趣。同时，经验导入也有利于加强书本知识和实际生活的联系，能够提高学生运用所学知识解决实际问题的能力。

活动、游戏导入是指教师通过组织学生做与教学内容密切相关的活动或游戏，激发学生的学习兴趣，活跃课堂气氛，使学生在既紧张又兴奋的状态下不知不觉地进入学习情境的一种导入方法。

练习导入是教师在课堂上给学生提供一定的练习题，让学生解答，通过练习找出问题，进入新课。练习导入选择的习题要有一定难度，并与新课内容紧密相关，才能激起学生的好奇心，进而产生强烈的学习欲望。

思政导入是教师从思想、认识、素质、修养等层面，通过选取与教学内容有关联的相关素材，使学生在上述几个方面得到升华与深化的同时，能够在“不知不觉”中进入到教学内容中的一种导入方法。这种方法既可以是典型事例，也可以是一些故事，还可以是一些名言警句。这种导入方式与其他几种导入方式有一定的融合，只是切入的方向有所差异。

## 二、前测

课堂前测既是对前面学习内容掌握情况的检查，亦是引出即将学习内容的需要，同时也会对当堂课程相关内容的了解情况进行检验，既起到了对上次课教学效果的评估作用，又起到了厘清前后内容逻辑关系的作用，同时起到了对学生就相关内容的了解和熟悉情况调查及分析的作用。因此，设计确定有效的前测方式，对于课堂教学的有效性也有着重要的作用。前测设计一般需要把握以下三个原则。

一是根据学生认知特点进行设计。不同层次的学生，甚至是不同年级的学生、不同学习阶段的学生，其认知特点都有着很大的差异性，必须紧密结合学生的认知特点，尤其是在着眼对即将学习内容的前测中，更要把握这个特点，以防前测设计“不着边际”，即既要做到有一定的扩展性，又要注意到前测的有效性。

二是根据学生所学内容进行设计。这是根本，也是中心所在。前测既要根据学生前课或前面所学的内容，又要根据学生即将面对的内容来设计，既要检验、评估前面学习内容的掌握情况，又要为后面内容的学习掌握其状态和程度，以为采取相应的方式策略提供依据。

三是根据学生思维起点进行设计。教学的过程，既是学知识的过程，又是思维训练的过程，如果仅仅停留在学知识上，那将是极大的失误，必须时刻注意将学知识不断推向学生思维的训练。因此，在前测设计时，既要考虑到知识的检验，更要考虑到思维训练的需要，进行针对性强而又有一定扩展性的前测设计。

## 三、主体环节

这里所指的主体环节，即包括讲授、提问、讨论、演示、板书等，也就是在课堂中起决定性作用的环节。这些主体环节是教师常用常见的，又是教师所熟知的，更需要教师从更高层次去认识和把握，才能提高其效果。

**（一）讲授**

讲授是教师通过口头语言向学生系统传授科学文化知识的教学方式。它主要通过叙述、描绘、解释、推论等引导学生了解现象，感知事实，理解概念、定律和公式，从而使学生认识问题、分析问题、解决问题，并促进学生智力与人格的全面发展。讲授一般有讲述、讲解、讲读和讲演四种基本形式，其构成与区分如图 7－7 所示。

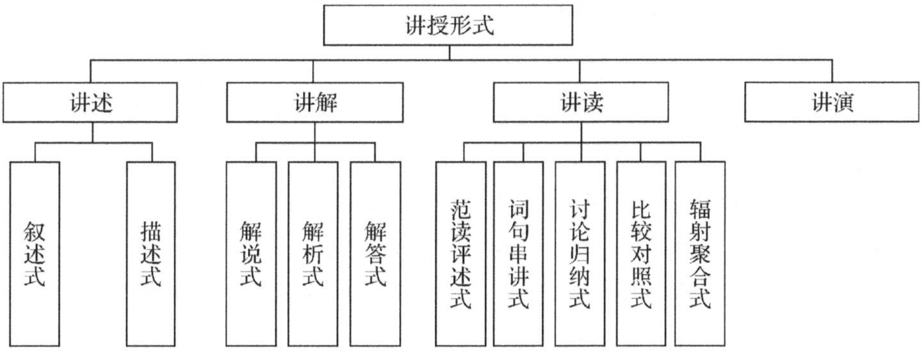


**图 7－7　讲授的基本形式**

讲述是指教师用生动形象的语言，对教学内容进行系统的叙述或描述，从而让学生理解和掌握知识的讲授方式。讲述分为叙述式和描述式。叙述式在文科教学中用于叙述学习要求、政治事件、社会面貌、时代背景、人物关系、故事梗概、写作方法、历史事实、地理状况等，在理科教学中用于叙述学习要求、数量之间的关系、自然现象的变化、物体结构和功能、生物种类和遗传、实验过程和操作方法等。描述式在文科教学中用于刻画人物、描绘环境、介绍细节、渲染气氛、表达感情等，在理科教学中用于描述与课题内容密切相关的科学家或发明家的经历或业绩。叙述式和描述式的相同之处在于：都是说事，而不是说理。其不同之处在于：叙述式的语言简洁明快，朴实无华；描述式的语言细腻形象，生动有趣。

讲解是指教师对教材内容进行解释、说明、阐述、论证的讲授方式，通过解释概念含义，说明事理背景，阐述知识本质，论证逻辑关系，达到使学生理解和掌握知识的目的。与讲述不同的是：讲解不是讲事，而是讲理，侧重于发展逻辑思维能力。讲解主要有解说式、解析式和解答式三种方式。解说式是指运用学生熟悉的事实、事例，引导学生在情境中接触概念，以感知为起点对概念进行理解，或者把已知与未知联系起来，说明事物的本质属性和基本特征。解析式是指解释和分析规律、原理和法则，是基础知识教学和基本技巧训练的重要方式之一。解答式是指以解答问题（思考题、练习题）为中心的讲解方式，具有一定的探索性。

讲读是在讲述、讲解的过程中，把阅读材料的内容有机结合起来的一种讲授方式。通常是一边读一边讲，以讲导读，以读助讲，随读指点、阐述、引申、论证或进行评述。一般区分为范读评述式、词句串讲式、讨论归纳式、比较对照式和辐射聚合式等五种方式。范读评述式是指由教师或学生分段范读，边范读边评述。词句串讲式是指在讲读时，在具体的语言环境下分析文中词句，筛选重点词句并板书。讨论归纳式是指在遇到容易使学生困惑、起争议的地方，引导学生进行讨论，待学生发言后，教师进行小结。比较对照式指在学习完内容后，比较文中的人与人、事与事、物与物，在同中求异或异中求同的过程中讲授知识，指导学习。辐射聚合式是指联系先前学过的文体相同、主题相近、写法相似的内容，对二者进行分析比较，综合概括，找出联系与区别，形成知识规律。

讲演是讲授的最高形式。它要求教师不仅要系统而全面地描述事实、解释道理，而且还要通过深入地分析比较、综合概括、推理判断、归纳演绎等抽象思维手段，做出科学的结论，让学生理解和掌握理论知识，形成正确的立场、观点和方法。

**(二)提问**

课堂提问(以下简称提问)是指在课堂教学过程中，根据教学目的、教学内容、学生情况等设计问题进行教学问答的一种教学方式。提问是课堂教学语言中最重要的部分，是启发学生思维的主要方式，也是联系师生双边活动的重要纽带。

一般提问可以区分为知识(回忆)性提问、理解性提问、应用性提问、分析性提问、综合性提问和评价性提问六种类型，如图 7－8 所示。知识性提问是考察学生概念、字、词、公式、法则等基础知识记忆情况的提问方式，是最简单的提问。理解性提问是用来检查学生对已学的知识及技能的理解和掌握情况的提问方式，多用于某个概念、原理讲解之后，或学期课程结束之后。应用性提问是用来鼓励和帮助学生应用已学知识去解决问题，它要求学生能把所学的某些概念、规则或理论应用于某些新的问题情境中，对问题进行分类、选择，以确定正确答案。分析性提问是要求学生通过分析知识的结构、因素，弄清概念之间的关系或者事件的前因后果，最后得出结论的提问方式。综合性提问是要求学生发现知识之间的内在联系，并在此基础上把教材内容的概念、规则等重新组合的提问方式。评价性提问是要求学生运用准则和标准对观念、方法、资料等作出价值判断，或者进行比较和选择的一种提问方式。

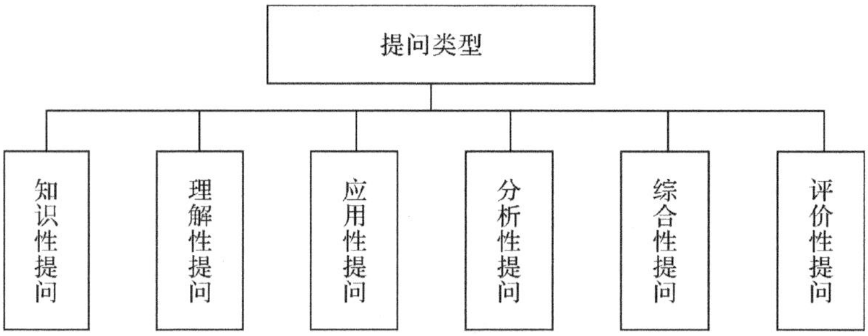


**图 7－8　提问的基本类型**

**(三)讨论**

讨论教学是在课堂教学中运用讨论法，在教师指导或参与下，学生以集体(全班或小组)的形式，围绕某个或几个中心论题开展讨论，各抒己见，相互交流，相互启发，相互学习，通过信息的多向交流而获取知识、解决问题的一种教学行为。讨论教学重在引导学生通过共同探讨，协商解决相关教学问题——得出答案或达成共识。

讨论的关键在于讨论主题以及相关问题的设计。讨论的主题在时间和空间上有一定的纵深度，便于问题讨论的展开。教师应认真设计讨论主题，明确讨论的目的和所要讨论的各个子问题，然后拟定好讨论题目。讨论题目设计得如何，直接关系到讨论的质量。在此基础上，再形成较为顺畅的讨论流程及其控制，保证讨论目的的有效达成。

**（四）演示**

演示，是指教师在课堂教学过程中向学生展示实物或实物的模型、标本、挂图，或通过幻灯、投影、电视等媒体展示或实验演示，说明有关事物的形态、特点、结构、性质和发展变化的过程等，使学生获得感性认识，促进学生理解教学内容或指导学生实际操作的一种教学活动方式。

一般情况下，演示可以区分为直观教具演示、现代教学媒体演示、动作演示和实验演示，如图 7－9 所示。直观教具演示是指借助照片、挂图、板画、标本、实物、模型等为辅助手段来引导学生感知事物，创造直观形象，获得感性认识的教学形式。现代教学媒体演示是教师利用录音、投影、录像、计算机等现代教学设备，再现事物、现象及其过程的教学方式。动作示范是指教师用身体直接演示或在一定情境中演示与教学有关的动作，指导学生学习的教学方式。实验演示是指在课堂教学中，为了使学生对教学内容获得直观的感性认识而采用的一种教学方法。

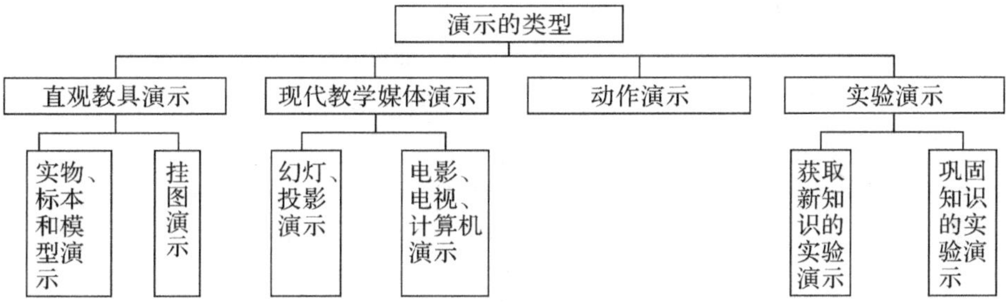


**图 7－9　演示的基本类型**

**（五）板书**

板书是指在课堂教学中，为了强化教学效果，教师运用黑板或投影片上凝结简练的文字、符号、线条和图像等方式，向学生呈现教学内容、认知过程，使知识概括化、系统化，帮助学生正确理解，增强记忆，提高教学效率的一种方式。板书是课堂教学的重要组成部分。它不仅是教师课堂教学内容、步骤、方法的体现，而且还是教与学的逻辑思路的反映和师生间信息双向交流的桥梁。

根据具体表现形式的不同，常用的板书类型主要分为以下六种，如图 7－10 所示。提纲式板书，运用简洁的重点词句，分层次、按部分地列出教材的知识结构提纲或者内容提要。词语式板书是指教师在教学过程中选择或总结出能准确反映教学内容且含有内在联系的关键性词语构成的板书。表格式板书是指教师根据教学内容可以明显分项的特点而设计的列表成格的板书。结构式板书是指教师将教学内容精心概括和加工后，以具有一定结构造型的形式呈现的板书。关系图式板书是借助具有一定意义的线条、箭头、符号和文字组成某种文字图形的板书方法。教师边讲边把教学内容所涉及的事物形态、结构等用单线图画出来(包括模式图、示意图、图解和图画等),形象直观地展现在学生面前。

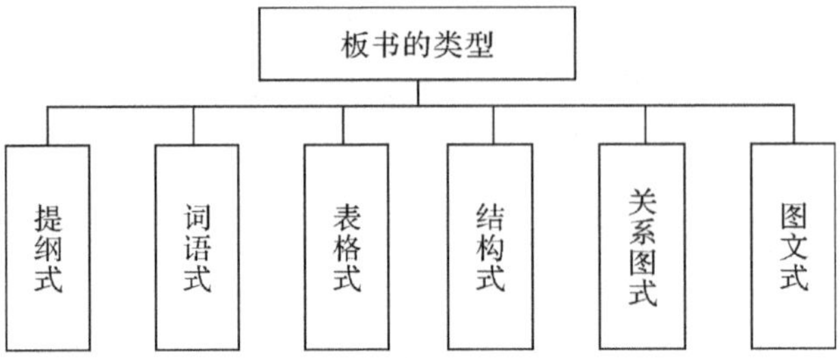


**图 7－10 板书的基本类型**

## 四、后测

后测跟前测有较为一致的作用,都是对所学内容的一种检查或评价。课堂后测一般在课堂主体内容完成的基础上,在课堂小结前进行,在某些情况下,也可以采取后测的方式进行小结,即将小结或课堂总结与后测融合实施。后测设计与实施时主要考虑以下几点。

一是后测应着眼于课堂内容。后测的目的主要是判断该堂课的教学目标或学习目标是否达成,以及达成的程度如何。因此,后测设计一定要着眼于课堂教学内容,针对教学内容进行后测设计,才能够保证后测目的的达成。

二是后测要讲究方式方法。后测绝不是简单的提问,也不是简单的做题,应该充分考虑到该课堂教学内容的特点,尤其是结合课堂内容的重难点,充分探析、寻找更加科学有效的后测方式方法,保证既测出实际状态,又使学生的知识经过后测得到一定的深化。

三是后测亦可着眼于未来课堂。后测除了发挥检验评估的作用外,亦可以设计相应的后测题目,通过这个题目来牵引未来授课的内容,引发学生的思考与好奇心,从而为后续教学埋下伏笔,留下引子,激发学生的学习兴趣。

## 五、小结

小结,即课堂教学的结束,一堂好课,不仅应有良好的开端,还应该有耐人寻味的结尾。教师应当合理安排课堂教学的结束,精心设计一个“言有尽而意无穷”的结语,做到善始善终,给课堂教学画上完整的句号。

在结束一节课或一个课题时,一般需经过以下五个环节:一是简单回忆。对整个教学内容进行简单回顾,整理认识的思路。二是提示要点。指出教学内容的重点、难点、关键点,必要时可做进一步的说明,进行巩固和强化。三是提出问题或采用其他形式检验学习结果。四是巩固应用,引导学生把所学知识应用到新的情境中去,在应用中解决新的问题,巩固知识,并进一步激发思维。五是拓展延伸。有时为了拓展学生的思路,开阔学生的视野,或把前后知识联系起来形成系统,需要在结课时对课内教学内容进行必要的扩展和延伸。

对于小结,在把握大致环节的基础上,还要从方法上进行针对性地选择设计,以使小结做到更加有效,达到小结的目的。一般情况下,小结的方法大致有 12 种,如图 7－11 所示。

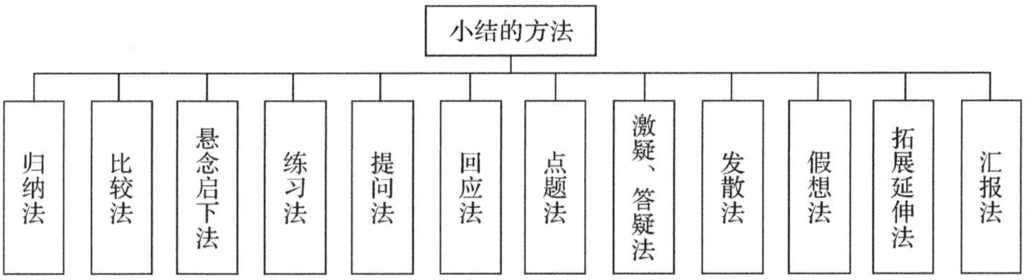


**图 7－11　小结的基本方法**

归纳法是教师引领学生以准确、简练的语言对课堂讲授的知识进行归纳、概括、总结，梳理讲授内容，理清知识脉络，突出重难点，归纳出一般的规律、系统的知识结构等的方法。这是较常用的结课方法。

比较法是教师对课堂教学内容采用辨析、比较、讨论等方式结束课堂教学的方法，意在引导学生将新学概念与原有认知结构中的类似概念或对立概念，进行分析、比较，既找出它们各自的本质特征，又明确它们之间的内在联系和异同点，使学生对内容的理解更加准确、深刻，记忆更加牢固、清晰。

悬念启下法是课堂教学结束时，教师选择时机设置悬念，引发学生探究欲望的方法，引发学生产生继续探究的强烈愿望，为后续教学奠定良好的基础。

练习法是教师通过让学生完成练习、作业的方式结束课堂教学的方法，这是最简单、最常用的一种结课方法。教师在教学活动结束时，抓住教材中的关键性问题和主要训练任务，精心设计练习题，趁热打铁，让学生完成，既使学生所学基础知识、基本技能得到巩固和运用，又使课堂教学效果得到及时的反馈。这也是前文讲到的可以将小结与后测融合进行的一种方式。

提问法是在课堂教学结束时，教师围绕着教学内容进行口头提问，让学生回答。然后教师或其他学生再根据回答的情况进行必要的修正和补充的方法。需要指出的是，口头提问必须针对要点、难点和关键点，切忌走题。

回应法是指课堂教学结束与起始相呼应，使整个教学过程前后照应的方法。回应的内容包括开头设置的悬念、问题、困难、假设等，是悬念则释消，是问题则解决，是困难则克服，是假设则证实或证伪。回应法使教学表现出更强的逻辑性。

点题法是课堂教学结束时，在学生对课堂教学内容进行了认真学习，对一些问题做了深入思考的基础上，教师对教学内容直接或间接地说明、点拨，以表现、揭示主题的结课方法。

激疑、答疑法是在新内容讲完后让学生提出问题，教师和学生一起回答问题的结课方法。这种方法主要是让学生提出一些不太明白的问题，然后采用启发、诱导的方式，帮助学生理解与解决问题。运用这种方法结课，要求教师具有较强的教学调控能力，能引导学生提出与教学内容相关的问题，并能引导学生对所提问题进行贴切的回答。

发散法是引导学生对教学过程中得出的结论、命题、定律等进行进一步的发散性思考，以拓宽知识的覆盖面和适用面，并加深学生对已讲知识理解的结课方法。这种结课法可使教学的主题、内容得到进一步拓展，具有培养发散的创造性思维的作用。

假想法是对课堂内容进行另外可能的假设，让学生依据假设推断另外的结局，以此培养学生创造力和想象力的结课方法。

拓展延伸法是指教师在总结归纳所学知识的同时，与其他科目或以后将要学到的内容或生活实际联系起来，把知识向其他方面扩展或延伸的结课方法，以拓宽学生的知识面，激发学生学习、研究新知识的兴趣。

汇报法就是在一堂课结束时让学生汇报这堂课的学习收获，培养学生的自我评价能力。让学生自己谈收获，学生兴趣浓，既能调动学生的积极性，又能使学生回顾本堂课所学内容，进一步掌握本堂课所学知识。

以上只是较为常用的课堂小结方法，除此之外，还有活动操作法、设疑启发法等课堂小结方法。课堂小结方法很多，但综合起来看，其实可以区分为两大类，即封闭型课堂小结和开放型课堂小结。封闭型课堂小结的目的是巩固学生所学的知识，把学生的注意力集中到课程的要点上，这种方法是对教学内容的归纳总结，对结论和要点的进一步明确和强调，并尽可能地引出新问题，把学生学到的知识应用到解决新问题中去。开放型课堂小结是在一个与其他学科、生活现象或后续课程教学内容联系比较密切的教学内容完成后，课堂小结并不限于对教学内容要点的复习巩固，而是把所学的知识向其他方面延伸，以拓宽学生的知识面，引起其更浓厚的学习兴趣，或把前后知识联系起来，使学生的知识系统化。在实际教学中具体采用什么方式结束课，要根据教学内容的性质和学生的年龄特点等灵活掌握。

## 第三节　实践教学组织实施

实践教学，一般是相对理论教学而言的，也就是变教师的“主导”为“指导”，在课堂上以学生实践作业为主的教学方式。从时间上看，学生实践作业占据主要课堂时间，只是这里实践作业的方式包括很多种形式，如案（战）例教学、专题讨论、操作训练、练习、演习、演练等，均可纳入实践教学的范畴。实践教学对于学生由掌握知识到形成能力的转化，发挥着重要而关键的作用。

### 一、实践教学基本环节

相对理论教学而言，实践教学基本环节较为简单，貌似更好操作，而实质上，环节上的简单实际上隐藏着其操作的艰巨性，使得实践教学的组织需要付出更多的建设上的努力，才能保证实践教学能够达到预想的效果。

实践教学大致的教学环节可以区分为代入情景（明确条件）、理论提示、实践实施和归案讲评四个，如图 7－12 所示。其中代入情景（明确条件）与理论提示的顺序可以进行调整，需要根据教学实践来确定。

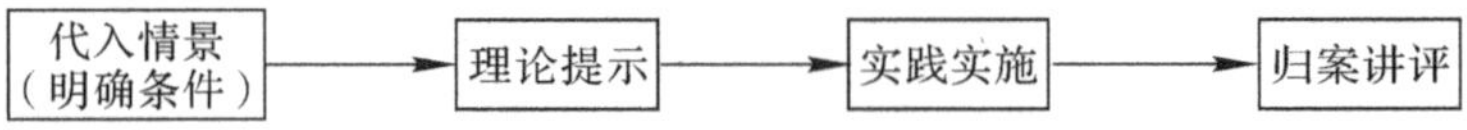


**图 7－12　实践教学的基本环节**

#### （一）代入情景（明确条件）

对于这个环节，任何形式的实践教学都需要有所交代，只有把情景或条件交代清楚，才能够使学生按照既定的要求展开实践作业。

代入情景或明确条件应把握以下三点。

一是必须明确已知，即交代已经提供的条件，或者已知的条件，或者引导学生自己去探寻已知。

二是必须明确任务，任务一般是未知，利用已知条件知道自己需要做什么。

三是必须明确标准要求，不仅要让学生知道干什么，还要知道干到什么程度，最后提交的成果是什么，以及作业的时间，等等。

**（二）理论提示**

理论提示有时可以放置在代入情景（明确条件）前，有时亦可放在其后。但一般情况下，实践教学都应该有一定的理论提示，即使像装备操作课，在完成相关的结构、原理等教学后，进行实践操作，也应该进一步进行操作步骤等方面的理论提示，以增强实践作业的针对性和有效性。

理论提示时要注意把握以下几点。

一是理论提示必须简明扼要，绝不能做成理论教学，必须紧密分析实践教学的关键需要，进行相应的理论提示。

二是理论提示必须控制时间，绝不能把理论提示整成长篇大论，从而影响整个实践教学的时间，使实践教学沦为理论教学，应当充分保证实践教学时间。

三是理论提示可以多种形式，理论提示并非教师必须像理论教学那样组织实施，而是可以根据实践教学的需要，采取视频、音频等多种形式实施，以达到理论提示目的为根本。

**（三）实践实施**

实践实施是实践教学的中心内容，也就是在教师指导下由学生来进行实践作业，完成实践教学主体任务。曾经一段时期，许多教师比较喜欢从事实践教学，而这个“喜欢”源于实践教学相对容易，“不用费多大唇舌”就可以完成教学任务。正是因为这个不正确的认识，在很大程度上影响了实践教学的质量效果。因此，对于实践教学的实施，必须更加重视，在认识理念上把握以下几点。

一是在设计实践教学时要树立难上加难观念。教学难，人才培养难，而要想搞好教学，培养好人才，更是难上加难。这里所谈的要树立难上加难观念，是指教师在设计实践教学时一定要意识到实战化综合实践教学的复杂性、艰巨性，充分把握其难度。说实践教学设计难，难就难在实践教学与理论教授相比起来，思想不重视，则表象上显得简单，但思想越重视，则实践教学越难，无论从设计的角度，还是从实践组织的过程，以及整体的控制评价来看，实践教学的难度都要远远超过理论授课。某些实践教学在一定程度上属于开创性的工作，缺少一定之规，缺少可利用和借鉴的成熟的做法经验，显得愈发困难。因此，组织实践教学，必须牢固树立起难上加难的观念，坚持攻坚克难，以这种精神劲头，做到初始即严，一严到底，保证教学设计的科学性。

二是在实践教学建设上要树立准备为先观念。所谓准备为先，也源于“难上加难”。对于实践教学，对其准备工作要求更加苛刻，不像理论授课，即使是“一无所有”，只要有“一张嘴”,也基本上能够完成教学任务。但是实践教学依赖于全方位的准备,依赖于必须具备的条件,依赖于各种精心的、预先的、有计划的、有步骤的准备工作。准备为先观念不仅仅体现在实践教学的组织实施上,还必须体现在实践教学的设计上。主要反映在三个方面:第一个方面在设计时将准备工作作为设计的内容进行一体考虑;第二个方面是设计前要进行充分、细致的准备,充分研究探索,紧密结合实际需要;第三个方面是突出实践教学准备的重要性,在设计之初就充分落实纳入这种观念,从一而终,进而保证实践教学从设计到实施都秉持这种观念。

三是在组织实施时要树立精细控制观念。一般情况下,精细控制观念往往适用于组织实施过程,通过精细控制,更有助于目标的达成。这里所讲的树立精细控制观念也包括两个层面的意思。一个层面是精心控制设计过程。规划设计是起点,是开端,而良好的开端是成功的一半,对于实践教学,设计更起着至关重要的作用,设计好了将起到事半功倍的作用,因此,一定要精心组织设计过程,使设计过程本身符合规律,设计过程得到有效控制,确保设计质量。另一个层面是要强化实践教学控制的设计,从目前实践教学的实施看,主要问题出在组织实施上,究竟怎么有效地组织,怎么有效地控制整个实施过程,想得少,做得不到位,严重影响了实践教学效果。在设计之初,就应该深入考虑实践教学的过程控制问题,找准方法办法,找准标准措施,使整个组织实施过程有章可循。

**(四)归案讲评**

归案讲评,即对学生实践作业的情况进行分析、总结,并给出相对合理的判断的过程。曾经有人认为“实践教学”不必进行归案,这样可以做到发散思维。这种提法虽然有一定的合理性,但其实际上没有正确、全面地看待“归案讲评”,归案讲评并不是只给出一个答案,也未必就只有一个答案,而是比较分析,并可进行思维扩展,能够在一定程度上形成判断,进而提升逻辑思维能力的过程。因此,归案讲评原则上在实践教学中必须组织。

为实现归案讲评的目的,需要重点把握以下几点。

一是归案讲评不能成为一言堂,教师的归案讲评是对各种实践作业成果的一种分析,并不能只是以自己的观点去判断,而应该动员学生参与其中,或者组织团队进行归案讲评,既增强归案讲评的科学性,也提高学生的参与度。

二是归案讲评不应该是唯一答案,在某些情况下可能实践作业的成果只有唯一标准答案,但从实际教学需要看,这种设计的实践作业并不能较好地达成教学效果。因此,设计实践教学时就应该考虑到答案的开放性,尽可能做到可以有“好坏”之分,但没有“对错”之别,扩展学生的思考空间。

三是归案讲评可以给出参考案,学生与教师所掌握的知识、所占有的资源和相关的经历都有一定的差异,某些实践作业仅仅由学生来完成,其考虑的齐全、完整程度会有一定差异,因此,在归案讲评时可以根据需要给出一个或多个参考案,作为学生分析、比较的参照,也有助于提升学生的认知。

## 二、实践教学的组织形式

所谓教学组织形式,是指根据一定的教学思想、教学目的、教学内容展开教学活动的方式。一般来说，实践教学的组织形式有学生个体实践、小组合作实践、全班集体实践、混合式实践等，如图 7－13 所示。

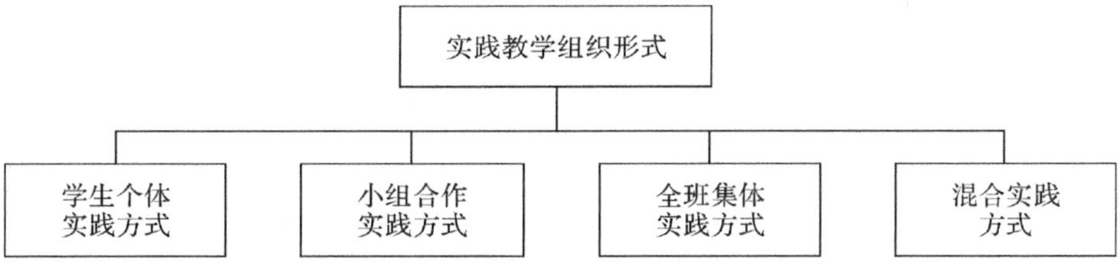


**图 7－13　实践教学的基本组织形式**

**（一）学生个体实践方式**

学生个体实践方式是指学生以个体活动的形式开展实践学习活动、独立完成实践学习任务。该方式的优点是有助于培养学生独立完成任务的能力，不足之处是不利于培养学生的合作能力，也不利于完成较为复杂的实践任务。

**（二）小组合作实践方式**

小组合作实践方式是指学生以小组活动的形式完成实践学习活动任务。学生实践教学通常以小组形式开展活动。划分活动小组的基本原则包括：尊重学生意愿，服从主题需要；关注学生兴趣，注重强弱结合；强调就近组合，提倡优势互补；分组、分工明确，甚至可以允许跨班、跨专业进行组合。

**（三）全班集体实践方式**

这种实践方式是指以全班集体的形式完成实践学习活动任务。该方式适用于规模较小的班级，且实践学习活动任务较为简单，如参观、观摩等实践教学方式。其不足之处是操作上较为不便，也不利于培养学生独立完成实践学习任务的能力。

**（四）混合实践方式**

混合实践方式是指学生以全班集体活动、小组合作活动、个体活动等形式做的某项实践学习活动任务。该方式的优点是有助于完成较为复杂的实践学习活动任务，也有助于全面培养学生的能力。其不足之处是操作上较为复杂。

## 三、实践教学的基本方法

实践教学作为一种基本而重要的教学方法，具有综合性和针对性比较强的特点，这就要求实践教学绝不能搞固定模式，而应针对不同对象、不同内容，灵活运用形式不同的实践教学方法，主要包括专题实习式、模拟式、想定作业式、参观见学式和综合演练式等实践教学方法。

**（一）专题实习式**

专题实习式是根据某些课程的需要，在教学过程中组织学生到实习场地从事某种实际操作或某项实际工作，使学生获得直接经验，以巩固所学的理论知识，掌握某种工作的技能、技巧。专题实习式实践教学一般时间短、规模小、内容单一，主要是为了配合理论教学，使学生获得感性认识。

**(二)模拟式**

模拟式实践教学有利于实践能力的培养、理论与实际的结合以及学生主体地位的实现，它采用课堂模拟的形式，由授课教师提供预研究的假设问题或案例，通过自主学习、小组讨论共同完成任务，最后由授课教师统一讲评，达到学习基础知识的目的。在实施模拟式实践教学中，应当注意做好模拟式教学的前期准备工作，充分调动学生参与模拟式实践教学的积极性，明确教师在模拟式实践教学中的地位，同时注重模拟式实践教学结果的评价。

**(三)想定作业式**

想定作业式实践教学是指通过设想一些情景(对部队而言，既可以是平时工作式想定，也可以是战时作战想定)，组织实践教学的方式。想定作业式能够使学生融入一定的情景中展开实践作业，并能够通过补充想定使学生实践作业不断深化，从而达到实践教学的效果。

**(四)参观见学式**

参观见学式实践教学就是组织学生到校内外一定场所，直接观察、研究、验证所学新知识的一种实践教学方法。参观见学通常是为了配合某一课程的理论教学而进行的，其目的是让学生对所学内容获得一个直观印象和创建一个问题意境，或是帮助学生理解和巩固授课内容，使教学与实践紧密结合，从而开阔学生视野、消化所学知识、激发学生求知欲等。

**(五)综合演练式**

综合演练式本来是针对军队院校学生的，但实际上这种方式并非军队院校独有，在实践教学组织实施时，某些实践教学活动亦可采用综合演练式开展。综合演练式实践教学，一般情况下是在学生学习完某一个阶段课程，具备了较为综合的知识后采取的一种综合实践教学方法，有助于综合检验学生对知识掌握的情况，亦可以进一步将学生的知识有效地转化为能力。

此外，实践教学的基本方法还包括专题讨论、案例教学等，可根据实践教学的实际需要来灵活选择确定。

# 第八章　课程考核与评价

课程考核与评价是高校教学活动的重要环节，是检验学生学习效果的重要手段，也是检验教师教学质量和教学效果的重要方法，考核结果更是高校教学质量的重要体现。课程考核与评价必须坚持与教学紧密结合，成为教学的一部分，充分体现教学并服务于教学。所谓寓教于考，以考促学，充分体现公平性、客观性、全面性、实时性要求，才是高校课程考核与评价应该追求的精神。通过课程考核与评价，可以促进教师及时总结课程教学经验，改进教学方式和方法，进一步提升教学质量和效果；强化教与学的系统管控，提升教师教学组织和教学管理的能力；推动学生学习方法的改变，激发学生学习兴趣，提高学生学习效果。

## 第一节　课程考核组织

### 一、课程考核概述

课程考核是检测学生对所学知识的理解程度、运用能力和教师教学效果的重要手段，是教学活动中不可缺少的环节。既是对学生平时学习情况的检查，也是对教师教学活动效果的检查，能反映学生掌握、运用知识的能力和程度，也能反映学校的教育教学水平，同时还是督促学生全面系统学习、巩固所学知识、发展能力和智力，评定学习成绩的重要手段。课程考核分为考试与考查，主要包括考试科目、考试方式、试卷命题及要求、课程考试情况统计分析、考务工作管理等内容。

**(一)课程考核内涵**

课程考核是教育评价的重要组成部分。随着国外教育评价理念的不断更新、发展，课程考核的理念也在不断发展。在 19 世纪后半期和 20 世纪初期，课程考试以口试为主，笔试为辅，笔试方式主要是写论文或用相同试题同时考查全体学生。20 世纪初期，教育测验运动逐渐兴起。以法国心理学家比内为代表的学者提出了测验的概念并开展了学业、智力和人格等测验。这种测验在国外流行了多年，而且这一时期学业测验的目的性更强，多是为了对人才进行选拔和安置。20 世纪 30 年代，以泰勒为代表的“进步主义”教育学家们指出，仅以课程或学业结束时的考试作为评测学生的依据不科学，因为知识的掌握、能力的培养是一个复杂的过程，理应以过程性的观察为主来进行评价，并且过程性的评价可不断指导学生，校正学习的方向与方法，以求更好地达到学习的目标。20世纪70年代，桑迪在总结前人的理论与实践的基础上，提出了现代人才评价的原理，其中特别强调将过去那种单纯在课程结束时进行考试的评测转化为与课程同时进行的合作性、过程性评价。

由此可以看出，测验在教育评价和课程考核中曾经占据重要的位置，是课程考核最主要的手段。随着教育评价理论的发展，越来越多的学者对传统的测验进行了反思。例如，加菲尔德认为，在大学统计学课程中要考虑传统考试和测验以外的方法，因为传统的考核形式对改进教学的作用很小，教师不了解学生对课堂的态度和信念、学生如何思考和理解统计数据以及如何运用知识。龙伯格则鼓励教师应该更广泛地考虑使用学生评价而不是测验。在当前国外课程考核的理念中，单纯的测验已经不能够满足人才培养的需求，需要发展更能够促进学生发展的考核方法。20世纪90年代，在美国兴起的表现性评价就是一种更为科学、合理的评价方法，它通过完成一些实际的任务，诱导出学生的真实表现，以此评价学生掌握和运用知识的能力与方法。表现性评价的形式可以有多种，主要有反应题、书面报告、作文、演说、操作、实验、资料收集、作品展示等。

综上所述，随着课程考核理念的不断发展，课程考核已经由单一的笔试或口试，逐步转向更加突出学生发展的测试，强化了对学生掌握知识、运用知识能力的测验和评价，同时通过课程考核还要达到促进教师改进教学的目的。

**(二)课程考核功能**

功能是指事物或方法所发挥的有利作用，是对象能够满足某种需求的一种属性。凡是满足使用者需求的任何一种属性都属于功能的范畴，满足使用者潜在需求的属性也是功能。从重要程度看，围绕课程考核的主要目的，主要体现以下基本功能。

1.指引努力方向

学习目的明确，是高校对学生学习状态的一项重要评价指标。有了明确的学习目的，知道自己在大学期间应该做什么、怎么做、做到什么程度，才会有明确的努力方向。通常，高校会在学生入学之初，通过组织专业见面会，详细解读专业培养目标，让每一名学生熟知自己毕业时的毕业标准、需要学习的课程体系、必须参加的实践活动以及课程考核评价方式、总体学分要求等。在每门课程开课前，任课教师要通过课程说课向学生详细阐明本门课程的学习目标、考核方案及评价方式。在教学过程中，任课教师应定期公示学生的形成性考核成绩，学生则结合自身的成绩情况，对标课程学习目标和要求，主动调整自身学习策略、调配学习精力投入，确保过程性学习质量和课程学习整体目标的达成度，为最终专业培养整体达成度提供有力支撑。在这个过程中，通过课程考核牵引学生课程学习策略的调整，达到课程考核结果优化的目的，从而实现专业培养目标的达成。以课程考核为指挥棒，指引学生对一门课程学习的努力方向，而每门课程学习目标的累积，就成为大学期间的努力方向和学习目的。

2.激发学习动力

课程考核可以帮助学生了解自己对整个课程内容体系的掌握程度，定位自己在班级中的学习排名情况。结合与其他学生之间的横向比对，以及自身课程学习过程的纵向分析，对标班级中的学习优异者，开展合作学习，这有助于学生科学梳理并总结自己关于本门课程的学习特点、学习该门课程的优势以及发现自己的短板弱项，从而有针对性地制定后续学习策略，改进自身学习状况。每个层级的学生，结合考核评价与改进反馈，按照"目标可达成"原则，通过自身不懈努力逐个设定并实现阶梯递进型提升目标。让学生在学习赶超过程中，不断修正、达成学习目标，从而帮助他们持续强化学习的信心，自觉提升学习的积极性，深度激发学习的潜能，形成追求卓越的良性循环。

3.诊断学习问题

课程考核是对学生课程学习情况的全方位评价。伴随着课程考核的理论发展和内涵拓展，避开完全依靠总结性考核带来的"一考定结论"的考核模式弊端，突出过程性评价、突出能力考核，已经成为课程考核的鲜明特点。课程考核由过去的"结论性评判"优化成为不断发现和分析问题以及改进、解决和提高的循环往复过程。当前，高校普遍采取的课程考核，既考查学生的学习结果，也考查学生的学习过程，既考查学生相关课程的知识和能力，也考查学生的学习态度和行为情操。在课程考核方式的不断优化变革中，对课程考核结果进行反馈分析，有助于帮助学生结合课程学习实现知识获取、能力锻造、情感价值观培育等方面的目标，更好地开展自我评价和分析，同时也有助于帮助学生从知识体系的构建、能力的生成规律入手，反思学习过程中个人的学习习惯、学习方式方法等是否科学得当，各课程之间学习投入分配是否合理。考核结果不是课程学习的全部目的，发现课程学习中在精力投入、方式方法等方面的问题，从而在优化中改进、提高，才是课程考核追求的目标。

4.提升学习效果

课程考核不仅可以将学生学习相关课程前后的知识广度、思想认识以及运用知识解决问题的能力等方面的变化体现在课程考核成绩当中，而且可以将学生的主观努力程度直接体现在成绩当中，让学生直接认识到自己学习上的"投入回报比"。教师作为课程教学的主导方，通过及时有效的成绩反馈和试题分析，可以帮助学生及时发现并解决学习中存在的问题，有效避免学生出现问题积压而不堪重负、越陷越深的恶性循环，从而逐步构建形成螺旋上升的良性学习发展态势。同时，科学有效的课程考核可以引导学生在课程学习中有意识地构建属于自己的课程知识体系，并针对课程指向的实际问题进行深刻的思考，实现所学知识的融会贯通、学以致用，促进课程学习效果的提升。

纵观课程评价理论发展，课程考核评价正走向嵌入式和多元化。从只注重结果的评价到将过程与结果相结合的评价；从单一的量化评价到量化评价与质性评价相结合；评价内容从寻求客观知识到关注教育过程中的价值和意义；评价功能由传统的甄别和选拔导向转向激励发展导向；评价者与被评价者的关系从主、客体对立到主体间协商，即评价主体与评价对象走向平等协商共同参与，促进教育评价主体多元化。

**(三)课程考核方式**

国外高校的课程考核方法种类丰富、形式多样。加菲尔德曾对统计学课程的评估做了大量深入的研究，他将统计学课程的考核方法归纳为以下几种：小测验、分钟论文、论文问题/日记、项目、投资组合、考试、态度调查、书面报告、开放式提问或问题解决、多项选择题。

哈佛大学奥韦格布兹教授从时间、记忆和回应三个维度对考核方式进行了分类："时间"是指考试是否有时间上的限制，从"固定时间"到"不固定时间"；"记忆"是指考核是否允许有辅助资料和材料；"回应"是指考核是采取笔试还是口试的方式。也有学者根据评价的作用与功能，将教育评价分为诊断性评价、形成性评价和总结性评价等类型：形成性评价一般是在教学过程中进行的，可以通过课堂提问、单元测验、期中考试来实施；终结性评价一般是在学期或学年结束时进行的，通常以期末考试的形式进行。

不同考核方式有着不同的侧重点。斯蒂金斯从考核目的、作答方式、记分方法等方面系统地比较了客观测验、论文测验、口头问答和表现性评价这四种主要评价方法的不同特点。他认为客观测验能最大限度地保证考核的效率，论文测验可以考查学生的思维能力及其对知识的掌握情况，口头问答可以将考核和现场指导结合起来，表现性评价则可以提供丰富的学生表现以考查学生理解知识、转换知识、应用知识的能力。

不同性质、类型的课程采取的考核方法有所不同。陈棣沭等人对美国多所学校不同类型课程的考核大纲和考核细则进行了案例分析，发现对不同性质、类型、目标的课程，教授会选择不同的考核方式，其成绩评定的标准和不同考核方式所占的权重也不同。写作类课程倾向于采用论文类考核方式；实践性强的课程倾向于采用方案设计作业和两次考试等考核方式；案例型课程倾向于采用提出案例问题和期末考试等考核方式；公共基础课程和专业基础课程则基本上采用包括成绩考核的各个构成要素，考试占总成绩的权重一般在40%～75%左右，作业或家庭作业占10%～20%，口头汇报占10%～20%，课堂参与占5%～10%。正如威金斯所说，评价不仅仅是测验，智力表现比正确答案更重要，一个新的评价体系需要更严密地考查学生的思维习惯，并要为教师和政策制定者提供更有用、更可靠的反馈。国外高校的课程考核理念比较强调"以学生为中心"，考核的目的是促进学生的学习和发展，考核方式灵活多样。与之相比，我国高校的课程考核还存在考核方式简单、内容陈旧等问题，无法完全适应培养创新人才的需要。

当前，我国高校课程考试正在向课程评价转化。基于评价与学习的关系，课程评价可分为三种不同模式：终结性评价、形成性评价、可持续发展评价。

终结性评价是对学生学习本门课程成果的一种评估，它基于泰勒的课程与教学原理，主要考查学生的知识水平和能力发展程度，即测量学生实现教学目标的程度，用来对学生的认知水平进行分级。评价通常有单元测验、期中、期末等不同形式。长期以来，终结性评价是我国高校各类课程评价的主导模式，但这种教学评价模式的问题之一是重结果、轻过程，即认定评价结果与教学目标一一对应，结果与过程不发生关联。终结性评价问题之二是重甄别、轻发展，即依据评价结果来判定学习成果，忽视教学促进学生发展的特性。

形成性评价发生在学习的全过程，是为改进课程教学及其他方案活动而在活动过程中进行的评估。具体形式包括课前测试或调查，课堂测试、讨论及课后反馈等。形成性评价表现在教学全过程中教师和学生的多次反馈，教师通过反馈适时调整教学模式，学生通过反馈调整学习方式，最终达成教与学水平双向的提高。

可持续发展评价是美国用于大学生评价的一种新方法，旨在促进大学生提升综合能力，以应对未来工作需要。可持续发展评价是在形成性评价基础上的发展，增加了师生利用共同制定的评价标准对学生的作品（论文、演示文稿、展品等）、成绩单、会话反馈记录等进行持续的评价，以培养学生的自我评价能力。课程评价理论由注重结果的评价向注重过程的评价发展，更进一步将学生的自我评价作为学习的重要组成部分。

可见，在课程考核方式的选择上，需要根据课程性质和类型采取不同的形式和方法。从课程考核理论的发展看，课程考核方式选择和内容设计要更加注重教学过程、知识综合运用和学生参与。

## 二、课程考核主要问题

课程考核理论起源于西方国家，并在这些国家的高校中不断发展完善。近年来，国内高校一直在学习借鉴西方关于课程考核的理念，大力倡导和鼓励教师进行课程考核方式改革，尽管取得了一定的成绩，但是成效不够明显，课程考核存在的问题主要体现在以下几方面。

### （一）过分依赖闭卷考试，考核方式相对单一

考试是课程教学的一个重要环节，它以教学目标为依据来衡量学生是否达到预定的教学目标和达成程度，是一种对学生个体发展和学习效果作出价值判断的过程。长期以来，高校现有的课程不考虑课程性质、课程特点和教学目的，基本上沿用传统的闭卷考试方式对学生进行评价，以试题的卷面分数为主要指标进行最终评定。闭卷考试方式便于教师操作，实施难度系数小，成绩公信力强，同时也有助于维护课程考试工作的严肃性、规范性。但从教师实际命题形式来看，总体上考查学生对基本知识、基本理论等识记能力的题目偏多，案例分析、方案制定、综合问题解决等考查学生知识综合运用能力、问题解决能力的题目偏少、权重偏低。这种考核方式也无法对学生的思维能力、创新意识和实践水平进行有效评价，容易导致学生出现“平时学习出工不出力，考前加班熬夜背笔记，考后不再强化全忘记”的不良后果。同时，也容易出现一些怪相：部分课堂表现不好或态度不端正的学生，通过短期的高强度突击性机械强化背诵记忆，在多数课程考核中都能够很轻松得到良好以上等级的成绩。这种单一课终闭卷考试方式极易导致学生对高效学习的片面认识，让学生养成不良的学习习惯，从而无法确保教学目的的有效达成。

### （二）过分注重课终考核，过程考核流于形式

现代课程考核理念在突出总结性考核的同时，更加强调形成性考核，也叫过程性考核，关注的重点由单一的课终考核成绩，转变为课终考核与平时学习相结合。在当前高校课程考核中，尽管绝大多数课程采取了平时考核与课终考试相结合的考核评价方式，但部分课程组和教师顾及组织平时考核费心费力且成绩公平公正性难以保证，于是基本采用到课率、课堂回答问题以及日常作业等容易操作的指标进行评价，在总成绩中所占的比例也比较低，通常处于10%～20%之间。过程性考核基本没有涉及具有一定“高阶性、创新性、挑战度”的综合性题目。这种较传统的课程考核成绩评定模式，很难引起学生对学习过程的重视。过

程考核评价手段的缺失，无法引导学生实现课程学习知识的迁移，难以实现“应用、评价”等高阶性学习目标，无法帮助学生有效诊断自身在每个阶段的学习目标达成度，学习过程学习动力的激发、学习策略的调整无法实施。过程考核所占权重过低，势必将学生的主要关注点投向最终的结课考试。针对课终考试开展的突击强化学习，难以真正帮助学生构建属于自己的有效知识架构，也违背知识向能力生成转化的规律，学生最终的课程学习成绩不能真正反映学习效果。

**(三)过分侧重知识考核，能力考核简单泛化**

在考核管理上，通常高校教务部门都设定了严格的考试规范，要求试卷要涵盖多种题型，要有一定的试题数量，从而形成一种固化的考试内容，多数课程对于“突出能力考核”的要求还没有落实到行动上。在对学生进行考核时，注重对知识和理论掌握程度的考查，较少评估综合运用知识的能力和提出问题、分析问题、解决问题的能力，考试大多闭卷，考题都设有标准答案，大多数题目答案唯一，缺少开放性试题。从试卷结构看，填空、选择、判断、简答、计算等只有唯一答案的题型过多、分值权重偏大，案例分析、论述题也多数是常见的、没有深度的题目，基本上都能在课堂教学以及学生手中的教学资料里找到答案，客观题偏重于知识的记忆性测试，主观题一般考查简单的应用能力，试题普遍缺乏对基本技能和综合应用能力的考查。注重能力考核本身对课程教师来说也是一种考验，考什么、如何考，需要教师的精耕细作和深度把握，既要突出知识的综合运用，考查学生分析解决问题的能力，又要把握好试题的难度，确保多数人能够理解考点和解答问题。能力考核既不能过度强调，也不能简单泛化。

**(四)过分强调理论知识，实践考核简单弱化**

“重理论、轻实践”是当前高校课程考核的普遍问题，考核内容偏教材，以识记为主，实践考核弱化的现象还比较突出。考核内容是课程考核评价的核心部分，是考查教学目的的重要载体。在传统应试教育模式中，课程考核偏重知识记忆，试题内容大多局限于指定的教材和课堂讲授的内容，以至于“上课记笔记、课后抄笔记、考前划重点、考试背笔记、考后全忘记”等现象较普遍，将严肃的考试变成了单纯考验短期记忆能力的比拼，导致学生“熟读讲义，不问学问之有无”。题型多以识记性题型为主，开放性试题占比少，且答案趋于标准化。虽然有少部分课程采用了开放性的考核方式，但是其内容还是以低层次的认知能力为主，学生机械照搬即可，没有起到锻炼学生独立思考和探索能力的作用。特别是专业课程的考核应体现实践环节的分值，课程考核内容不能囿于教材和课堂所授，否则不利于学生开阔视野和实现全面成长；考核内容过于知识化，也难以体现课程的特点，只能单纯地考核学生的短时记忆能力，考核内容基本属于标准答案类型，无法综合考核学生实际运用知识的能力和创新创造的思维等，在一定程度上也会造成教师上课时照本宣科，学生考前临时突击、死记硬背，对于学生能力的提高非常不利。

**(五)过分关注考试成绩，反馈改进机制缺失**

对考核成绩进行分析，可以指导学校的教学管理，改进教学方式方法，提升试题质量，提高学习效果。当前高校课程以学期为基本单位，课程考试一般安排在课程结束以后进行，考试一结束，学生获得成绩，这门课程的教学也就结束了。于学生而言，分数似乎是学习课程的唯一成果，学生在课程学习中的收获却无从知晓。教师在课程结束后一般会有形式上的成绩分析，但普遍缺乏对试卷和试题的详细分析，极少进行课程的总结反思，从而缺失了通过考试分析实现持续提高教学质量的一个最为重要的环节和手段。反馈改进机制的缺失，使得部分课程教师在教学改革上不思进取，提高教学质量更无从谈起。课程考试缺失反馈和持续改进措施，但考试的结果却被不合理地扩大化应用。课程考试成绩的使用范围相当广泛，根据上述的考试模式得出的学业成绩对学生的影响巨大。一般而言，大部分高校主要依据学业成绩综合排名进行各种奖学金和助学金评定、推荐免试研究生等。同样，如果学生学业成绩不及格，则会有补考、重修、留级甚至退学的可能。这进一步造成部分平时学习不上进的学生进行考前突击，少数甚至不惜作弊以谋求理想的考试分数。高校教学管理人员、任课教师和学生之间的信息反馈机制不健全，信息共享不通畅。尤其是以传统闭卷考试的课程，其成绩分析结果很难有效地反馈到学生手上。考核成绩分析主要是为了促进学生的发展，但作为主角，却面临“缺席”的尴尬处境。考核成绩对教学的诊断和反馈被弱化，其功能没有被充分发挥出来。

## 三、课程考核组织原则

开展课程考核是实施课程教学的重要环节，是提高教学质量的关键步骤。教师要为学生创造有意义的学习经历，需要在合理的教学设计的基础上，立足以学习为中心的角度，设计有效的课程考核。课程考核在实施过程中，需要坚持以下几个原则。

### （一）树立正确的考核导向

考核不是课程教学的目的，更不是为了给学生评定成绩。课程考核是教学实施过程中的重要环节，是检查教学效果的重要手段。课程考核的目的是了解和掌握学生在课程学习中的学习状态、精力投入、知识掌握程度、能力提升水平，以及运用所学知识解决工作生活中实际问题的融会贯通能力。课程考核对教师和学生来说，要达到在教和学两个方面查漏补缺的目的，同时要激励学生及时转变学习状态、调整学习方法，调动学生学习知识、运用知识、努力探索新生事物的积极性，培养学生自主学习、终身学习、爱钻研、会探究的良好习惯。因此，在课程考核的导向上，必须坚持以学生为本，突出学生的主体地位，针对每期学生的特点，围绕课程教学内容中的核心知识点，强化能力转化应用实施考核。

### （二）采取多样的考核方式

考核方式的多样化是考核方式的改革发展趋势，可有效避免出现“一张试卷定结论”带来的弊端，是落实素质教育创新教育要求的结果，是突出能力考核的有力措施，也是课程考核追求公平公正的结果。课程考核方式根据课程性质和教学目标的不同，可以采取理论考核、实践操作考核、撰写论文、提交实验报告、方案论证、大作业等多样化的考核方式，从不同的角度进行考核，考核方式越多越能体现课程考核的公平性，同时从不同的侧面检验学生运用所学知识解决问题的能力，反映的是学生的综合素质。从考核成绩管理上，可以采取形成性成绩与终结性成绩相结合的方式进行评判，把日常学习态度、作业完成情况、课堂学习状态、阶段性测试结果等纳入形成性成绩统计范围，对学生的学习过程进行规范和约束，最大限度避免平时不努力、考前突击学习的情况发生，确保学生学习的有效性。

**(三)制定有效的考核方案**

课程考核方案是根据课程教学目标来确定的，应能恰当反映课程教学目标，由此设计出课程考核目标。课程考核方案需要明确考核时间、考核方式、考核内容、考核保障、有关要求等。在考核时间上，可以采取分段考核、多次考核等形式，防止发生突击学习情况；在考核方式上，宜采取形成性考核与终结性考核相结合的方式，从不同的角度实现既定考核目标；在考核内容上，以课程核心知识点为主，通过变换不同的题型、不同的数据，设计应用型、创新型考核题型，考核课程教学中的重要内容，同时要兼顾课程考点覆盖面；在考核保障上，要明确内容、时间、地点、责任人以及保障标准，便于操作落实并提前做好准备；在考核要求上，要增强针对性，尽可能详尽、具体、可操作。

**(四)坚持高效的信息反馈**

及时反馈信息是有效增强学生学习动力的重要举措。科学的课程教学需要不断发现和解决教学中的问题，课程考核就是发现问题很好的手段。通过考核反映出的信息一方面可以凸显教学中的重点、难点、疑问，促进教师调整教学进度，改进教学方法，优化教学手段，提高教学效果；另一方面可以使教师掌握学生的学习状态，了解学生对知识学习的疑惑，把准学生的学习诉求。因此，教师应尽早评阅学生考核内容，尽可能给出详细准确的评语，及时将课程考核结果反馈给学生。信息反馈可以采取当堂处理、课后交流、阶段性总结通报等多种方式，激励学生调整精力投入，改善学习状态，改进学习方法，巩固重要知识点，纠正错误认识，提升学习效率。

## 四、课程考核组织策略

课程考核是一项系统工程。课程考核组织需要着重把握好考核内容、考核方法、形成性考核、阶段性考核等方向重点，建立一套与高校的教学理念和人才培养目标相适应、科学合理的考核模式，探索多样化的课程考核方式，健全及时有效的信息反馈机制，形成科学完整的课程考核与评价体系，以利于提高学生的学习热情和学习效果，发挥好课程考核工作的正向导向作用。

**(一)系统设计考核内容**

设计考核内容是课程考核最为关键的环节，要着重从考核内容的科学性、完整性和高阶性等方面进行把握。通常情况下，从知识层面上，课程考核内容既要反映课程知识的覆盖面，更要体现课程重要的知识点，要反映知识的深度，也要凸显知识的广度，就是要把握好课程核心内容，做到点和面的有机结合，特别是要突出核心知识、关键技能、职业素养等方面的考核评价。从内容难度上，既要照顾到多数学生的学习水平，又要体现考试内容的高阶性，从题目的难度上区分出学业水平的层次。对于军队院校而言，从为战育人要求出发，课程考核内容必须强化能力考核导向，实现从考知识到考能力的转变，突出与部队作战训练结合，突出与部队装备运用结合，突出与部队生活实践结合。

**（二）灵活采用考核方法**

课程考核方法的选择是达成考核目标的重要保证。考核方法需要与课程目标、课程性质、课程内容等相适应，因课程而异。与教学目标相呼应，课程考核也可以围绕知识、能力、素质等方面灵活选择考核方法。在知识考核方面，可以采取线上线下相结合的方式开展测验，采用随堂测试、在线讨论、单元测试、课堂讨论、课堂答题、任务表现、任务成果、期末考试等方法展开，随时考查学生对知识体系中关键内容的掌握程度。在能力考核方面，可选择在线学习、作业、项目任务、学习报告、论文等多种形式，考查学生应用所学知识解决问题的能力。在素质考核方面，主要从自主学习、团队协作、沟通交流以及创新等方面进行考察。在阶段划分上，构建贯穿课前、课中、课后的全过程考核模式。

**（三）多元构设评价主体**

课程考核需要彻底改变传统考核中教师作为单一考核主体的局面，采取这种课程考核的裁决方式是具有一定的弊端的。因为这种传统的课程考核模式评价主体比较单一，教师是授课、监考、判定成绩的唯一主体，这就不可避免地出现教师会因个人的喜好来决定学生成绩以及对于学生的态度的情况，并最终影响到学生个人的发展。考核评价主体应由单纯以教师为主导向多方共同参与转变，建立起注重过程、评价多元的课程考核体系，评价主体不能局限于完成教学任务的授课教师，而应该根据课程教学或实践需要，将其所涉及的教、学、管等各方人员的评价纳入课程考核中，参与评价的人可以是行业领域专家、教学管理人员、学生、家长等。这些人员与学生个体的联系并不会掺杂太多的功利性，其评价对于判定学生水平的高低而言极具参考价值，因而能够提高课程考核的公平性与科学性，也有助于对学生的真实水平进行科学分类，选拔真正具备较好理论知识水平与较高实践技能水平的人才。

**（四）合理调整考核比重**

高校的课程考核是在一定的考核目标和评价标准下，教育主体合理设计考核体系后对教育客体进行的学习过程表现和学习成就的综合性系统测评。传统的课程考核一般包括过程考核（平时成绩）和结果考核（期末成绩），二者加权计算形成课程最终考核结果。在形成性评价环境下，为突出学生自主性和创新性的学习能力评价，很多高校尝试加大了过程考核力度，增加过程考核成绩权重，达到40％～60％，甚至100％。加大过程考核比重无疑是给任课教师一定的教学自主权，极大地调动了教师教学改革的热情。过程性考核可以分为线上和线下两种方式。线上过程性考核，在课前主要考核学生完成教师在线布置的任务情况，通过课前考核的数据，任课教师能够了解学生在课程预习中对知识的掌握程度，依据课前考核指导设计课中知识讲授的重点和难点；课中考核即签到率、课堂活动、随堂测验等，可以反映学生随堂掌握知识的程度，教师根据课中考核的数据进行课后知识的延伸；课后考核即线上作业、在线讨论等，通过课后考核，教师可以了解学生对于知识的掌握程度。线下过程性考核，对于理论课主要考核课堂内学生的表现，包括课堂认真学习的态度、回答问题的正确度以及课堂小组讨论的参与度等；线下实验课主要考核学生的实际动手能力、分析问题和解决问题的能力、团队协作能力、思政元素等。

# 第二节 课程教学评价

课程本质上是一种教育进程，课程作为教育进程包含了教学过程。《教育评价词典》对课程教学评价的解释是：以课程教学大纲为依据，对课程教学计划、教学过程和教学效果进行价值判断。由此可见，课程教学评价是对课程教学组织、实施和效果进行的全面评价，是抓好课程建设、深化教学改革、提高人才培养质量的重要突破口。开展课程教学评价的关键在于准确把握和科学分析包括教学过程在内的教育进程，通过对课程教学方案设计、教学方法选择、教学内容组织、教学效果优化等各个环节的评价和判断，促进教师专业化发展和学生全面成长。

## 一、课程教学评价的内涵与理念

### （一）课程教学评价的内涵

“课程教学”是课程实施者通过教学实践来实施教育计划，促进学生获得教育经验，从而推动教师与学生教学相长的活动或过程。“课程教学评价”是一种针对课程教学活动的价值分析和判断，是利用教学评价的理论和技术对教学过程及其结果是否达到课程教学目标要求做出的价值判断。课程教学评价至少应包含三个方面：评价对象指向课程教学，评价标准紧扣课程教学质量，评价功能重在诊断教学问题、反馈教学信息、引导教学改进的方向、判断教学活动的价值、促进教学研究的发展。课程与教学本身具有发展性、动态性和开放性等特点。因此，课程教学评价标准需要确定一定的弹性与发展性指标，无论是不同教师承担相同课程，还是同一个教师承担不同课程，其教学组织都具有很强的主观性，课程教学评价很难给予标准化的价值判断。

### （二）课程教学评价的理念

课程教学评价是对课程教学中渗透的教育理念和理论取向、教学目标和方向、教学内容组织、教学方式方法选择以及课程实施效果所进行的价值判断。既然是一种价值判断，必然会基于一定的质量观来指导评价工作和促进教学改革。课程教学评价应以“教育服务与发展”为核心理念。课程教学为学生提供非实物性服务，这种非实物性服务对人才成长发挥的作用往往存在着延迟效应，很难客观、准确地进行即时的价值判断和外部评价。因此，课程教学评价需要通过学生的过程性体验和学习效果来反馈。简言之，就是以评价促发展，既“为学生服务”，又“为教师服务”。课程教学评价服务于课程教学目标的实现，并且直接作用于教师教学水平和教学质量的提升。

## 二、课程教学评价的主要问题

### （一）评价主体权力失衡

不同的利益视角、不对称的信息条件必然导致评价主体之间的权力博弈。学生是课程教学的直接消费者，必然拥有评价课程教学质量的话语权；教师同行虽然有一定话语权，但往往碍于情面和相互宽容等多种因素而在实际评价中不能做到客观公正;教学管理人员与教学督导专家以监督者、审视者的身份参与评价。课程教学评价的理想模式是各评价主体以利益妥协求利益共融,在一种约束性协议的指导下开展合作。由于知识、能力、认知等方面存在的差异,各评价主体做出的评价策略选择和理性判断参差不齐。力量悬殊势必导致“强势主体”与“弱势主体”的出现,弱势主体为了“明哲保身”不得不做出“妥协”评价。当利益相互交叉时,各评价主体也容易为“一己之私”而“有失理性”。虽然是多主体参与评价,但大多数高校主要以督导专家和学生评教的方式来代替课程教学评价。

**(二)评价对象指向错位**

教师是课程教学的直接设计者、组织者和实施者,对自己的课程教学有“自知之明”。不能简单地把课程教学评价对象锁定为教师,原因在于:其一,课程教学的内涵较为丰富,课程教学通过课程本身的价值、知识体系以及课程教学过程来影响学生。教师把课程所蕴含的价值和知识体系内化后,借课堂教学活动来传道、授业、解惑。毋庸置疑,把课程教学质量等同于教师素质显得比较狭隘。其二,从课程教学评价的目的来说,评价是为了改进教师教学工作、提高教学水平与质量,并不是给教师划等分级。事实上,教师自身的知识结构、教学态度、教学能力、教学方法、教学行动、研究成果等都会直接影响课程教学质量。除此之外,教学条件、教学设施、课程目标和生源等因素也会影响课程教学质量。对教学条件、教学过程以及教学实施者的评价与现代高等教育教学质量评价背道而驰,属于一种狭隘的质量评价。把学生成长、人才培养质量、学生专业表现和就业表现等方面纳入考虑,才能凸显课程教学质量评价的完整价值。

**(三)评价标准以偏概全**

课程教学评价必须具有系统性、典型性、动态性、科学性和可操作性,在测评指标选取和权重选择上要不断优化设置。高校课程教学评价标准大多采用固定、统一的指标,而各学科、各专业、各课程都有自身的逻辑,并且课程教学的内涵丰富,加之教师的主观能动性以及教学活动所蕴含的独特艺术价值,简单运用统一的量化标准和用一把尺子来衡量不同学科专业的课程教学,看似“等量齐观”,实则削足适履。“以一概全”的评价标准使教师对现行评价标准产生质疑、对评价方式产生抵触、对评价结果产生不满等负面情绪。那么,是不是出于对教学实施者和教学本身的尊重就可以“有多少门课程就有多少个评价标准”呢?显然不能。由于高校开设的课程种类较多,如此设置不仅会加重评价工作的负担,而且也不利于评价体系的整体性构建。因此,必须在评价标准的统一性和评价对象的多样性之间找到平衡。

**(四)评价结果不够客观**

在课程教学评价中,各高校根据学校情况,采取了不同的评价方式,如“学生网络评教”“学生量化评教+督导专家质性评价”“学生机读卡评教”等。评价结果统计中,学生评教数据占了很大比重,由此得来的课程教学评价的满意度大多在90%左右,甚至个别教师课堂教学评价的优秀率大多超过90%。这显然不符合实际情况,也失去了评价的意义。客观来看,评价结果直接影响教师绩效,导致教师刻意“迎合”学生。越是严厉的教师,评教分数越低;而按学生“口味”来施教的教师,评分相对较高。对学生来说,评教结果与学习效果的关联性不大，也就失去了以评促教、以评促学的意义，评教卡片或评教系统沦为一种形式。

**（五）信息反馈机制不全**

理想的课程教学评价应是从教学输入到教学运行再到教学输出的过程，要求教学评价的每个环节都要有及时有效的信息反馈。通过及时有效的信息传递，促使评价主体对评价目标、评价对象、评价内容、评价方法以及评价结果有全面的了解，进而帮助评价主体形成客观判断和理性鉴定。然而，评价后的信息反馈却表现得“不尽如人意”：其一，信息反馈不及时，不利于教师教学的及时调整，甚至可能导致教师惰性。其二，虽然评价结果会反馈给教学管理人员和任课教师，但反馈后的调整和整改措施没有了下文。该门课程教学的教师是否对影响教学质量的相关因素进行分析，是否有效地把握了可控因素，教学质量监控部门是否建立了有效的监控机制随时跟踪监控教师的改进进程，教学管理部门是否对该门课程教学安排和管理进行了相应调整，这些反馈都关系到课程教学评价的价值和持续改进，但实际情况却并不理想。其三，信息反馈发力点不起作用。课程教学评价的信息反馈作用基点在于教师，教师既需要欣然接受来自其他主体的评价，又需要对反馈信息进行信息的再反馈。然而，教师对信息反馈的处理欠缺动力，反馈往往止于教师。

## 三、课程教学评价设计

《国家中长期教育改革和发展规划纲要》（2010—2020）指出：改革教育质量评价和人才评价制度，改进教育教学评价；根据培养目标和人才理念，建立科学、多样的评价标准；探索促进学生发展的多种评价方式，激励学生乐观向上、自主自立、努力成才。在设计课程教学评价系统时，要依据科学合理的教学质量标准，深入论证评什么、用什么评、谁来评、怎么评、结果怎么用等主要问题。为此，需围绕课程教学评价内容、对象、方式、管理等，研究确定评价指标要素。

**（一）坚持以课程教学为评价对象设置评价指标**

课程是教育教学活动的基本依据，课程中的知识体系以教材为载体、以教师为知识传递主体、以教学活动为传递途径，因此把“课程教学”理解为授课教师围绕具有一定逻辑知识体系的教育内容来开展的有计划的教学活动。授课教师是开展课程教学的主体，课程教学内在的维度较多，简单地把课程教学评价对象认定为教师的观念较为狭隘，容易导致评价系统设计的方向偏离。适合的课程教学评价应该指向课程教学系统，综合考察课程教学各方面因素的配合所形成的全部活动和过程，而组织开展课程教学评价，指标体系尤其重要。例如，要充分考虑教学技能与方法、教学结构、课程教学组织、教学清晰度、师生互动与师生关系、学生成绩考核等指标。

**（二）确立学生、教师、教学督导专家以及教学管理人员等评价主体**

学生、教师、教学督导专家以及教学管理人员作为高校内部评价主体，基于权力分配相对均衡和主体能力水平的综合考虑，应采用学生评教和教师自评相结合的自评模式、院校两级教学督导专家与教学管理人员相结合的他评模式。其中：学生评教不是片面地根据教师的课堂教学情况来判断，而是在认识自己学习效果的基础上进行客观评价；教师对课程教学的整体把握较为准确，在直接参与从课程教学输入、运行、输出到反思的整个过程中做到有“自知之明”；教学督导专家以专业眼光和丰富经验把握评价的有效性；教学管理人员侧重于从管理视角去审视课堂教学。这种多元评价、优势互补的交互性特征能够最大化地减小单一评价主体的局限性所带来的误差。

**（三）按照理论课程、实践课程与体育课程进行分类**

基于理论课、实践课和体育课的课程性质与特点，应采取分类评价的方法，将学生评教问卷分为理论课程问卷、实践课程问卷和体育课程问卷。在课程分类评价标准方面，基于三类课程的特点，可以设定教学态度、教学内容、教学组织和教学效果等一级指标，并在一级指标下细化设立二级指标。同时针对学生、教师、教学督导专家和教学管理人员等不同的评价主体，分别设立不同的评价指标，形成“主体不同评价指标不同、课程不同评价指标不同”的多视角、多层面的课程教学评价体系。

**（四）设置宣传动员、组织管理、质量监控等评价环节**

课程教学评价具有利益相关者多、价值观指引性强、信息沟通及时等特点，因此评价组织部门首先需要在开展工作前就评价主体的参与度、评价主体对评价的认知度等进行比较充分的调研和宣传动员。其次，要针对评价系统运作、评价操作流程、信息沟通渠道来把控细节。校内评价工作的顺利开展，除了要有人力资源保障（即评价主体积极参与和配合），以及完善的制度保障之外，还需要加强质量监控保障，即构建“教学管理、教学督导与学生管理”为一体的教学质量监控体系以及教学信息反馈系统。

**（五）采取定量评价与定性评价相结合的方式**

为了量化评价课程教学质量，首先要从多层面、多视角去把握课程教学可感知、可操作的因素，分析相关变量，剔除无关变量，再具体化为相应的指标。在定量评价方面，以学生评价为主，着重从教学态度、教学内容、教学组织和教学效果等指标来设计问题，区分等级按照百分比取值，同时需设置学生认为课程教学需要改进的意见和建议这个开放性问题。学生评价采取定期评价方式进行。在定性评价方面，以教师自评和同行评价为主，实现自评标准差异化、自评形式多元化、自评内容从描述走向反思、自评过程从对立走向对话。教学督导专家与教学管理人员对课程教学质量的评价主要以跟踪听课、随堂督导、教学巡查等方式做出定性描述。

**（六）突出学生发展、教师发展、课程与教学改革以及教学管理等应用**

课程教学评价之意不在于证明孰优孰劣，而在于“三促一强”：第一，促进学生知识、能力、素养和人格的发展。知识获取、能力增长、素质养成、人格塑造都离不开教师的“教”。第二，促进教师专业发展。这体现在教师角色变化、专业知识结构优化、专业精神与道德提升、教师人格的完善等方面。第三，促进课程与教学改革。教师在课程教学中持续对课程、实践以及教学行为进行反思，不断创新和建构具有个人特色的课程教学理论，从而指导教学实践和推动教学改革。第四，强化院系教学管理。院系教学管理系统主要针对课程教学计划、教学过程、教学质量监控、教学辅助等方面进行规范化管理。

## 四、课程教学评价运行

**(一)健全组织机构**

课程教学要严格按照“管办评分离”的原则，来确定教学管理机构、办学实体和评价机构三类部门的定位，分清工作职责。如何让课程教学“管办评分离”变成现实，需要厘清三者的关系。“谁来管”，是教务处主管部门的职责。教务处统一管理学校课程教学和运行工作，如课程设置、课程建设、课表编排、教材管理、考试管理、成绩管理、学籍管理等。“谁来办”是指向学院(系)或教研室。课程教学主要通过学院(系)来组织实施，学院(系)根据学校课程教学质量目标，制订实现质量子目标的课程实施计划，并动员学院教职工全员参与，共同推进学院计划的施行。在深入推进教育管办评分离、积极推动学校开展自我评价的同时，要提高教育督导实效。因此，就高校课程教学评价“谁来评”的问题，主要有两种思路：一种是在教务处的指导下成立课程教学监控机构，该机构处于半独立状态，负责学生评教和督导工作；另一种是成立专门的教学质量评估中心或评估办公室，其独立运行，专门负责学校课程教学评估与监控。从半独立评教走向全独立评教，这是管办评分离的发展趋势。

**(二)加强主体协同**

评价主体相互协同、相互促进，才能共生发展，达成课程教学评价目标。学校每年测评课程多、覆盖面广、测评周期长。由于课程教学评价既要针对不同教师或同一位教师开设的不同课程，又要针对不同班次开设的同一门课程，这就要求评价主体对课程教学评价的目标、内容、操作、结果等要素有充分的认识和理解，才能做到客观、公正和准确。课程教学评价要坚持多元多主体评价，为了提高评价结果的有效性以及对质量改进的指导价值，评价主体之间需要相互协调并建立一种互助合作的关系。也就是说，评价主体要目标一致、步调协同、共生发展。要保证认识协同。测评前，学校对教学督导专家、任课教师、教学管理人员以及学生进行专门的培训，目的在于达成不同主体对课程教学评价的共识，使主体对评价目的、评价内容、评价标准、评价方法等的认识和掌握趋于一致，共同完成评价目标。测评中，教学督导专家负责随堂测评、跟踪测评、考场测评监控等，教学管理人员负责院系级课程教学的定期管理和监控，任课教师在与教学督导专家交流和沟通的基础上对课堂教学实施过程做自评分析，学生进行网络评教或纸质评教。在评价主体共生方面，教学督导专家、学生站在不同角度对课程教学进行评价，形成的评价结果在一定程度上能反映课程教学问题，这不仅直接反映出教师的教学水平，而且结果运用的最终指向在于教师“教”、学生“学”、督导“评”、管理部门“管”的共生发展。

**(三)开发管理系统**

《教育部关于普通高等学校本科教学评估工作的意见》指出：要充分利用信息技术，采集反映教学状态的基本数据，建立高等学校本科教学基本状态数据库。为规范化管理课程教学评价数据，需要充分利用信息技术。为此，需要学校研发学生网络评教系统以及数据处理软件，统一收集和处理课程教学评价信息。无论是网络评教还是纸质评教，其意义在于数据背后的价值挖掘和行动导向。开发评教系统和数据处理软件，能快速处理学生对该门课程教学的评价信息，减少因课程结束很长一段时间后延迟感知所带来的评价误差，提高课程教学评价的信息化水平。因此，及时的数据录入和处理有助于学校课程教学监控。数据处理软件是课程教学监控系统的组成部分，课程教学基本状态需要随时观察数据走向，及时分析影响数据变化的原因，准确预判可能发生的变化。

**(四)完善信息反馈**

反馈就是把施控系统的信息作用于被控系统后产生的结果再输送回来，并对信息的再输出发生影响的过程。教师从课程教学的外部环境中获取信息，经过信息加工、处理与转换形成课程教学的给定信息，再作用于教学对象产生短期效果之后，输送给教师自身产生交互影响，这一过程是课程教学评价中的信息反馈。事实上，无论是教师自评反馈，还是其他主体的评价反馈，教师始终是课程教学信息反馈系统的最终接受者。因此，高校要建立教学督导专家，教学管理人员，以及学生相互之间的指导、管理、沟通及反馈机制，这三类评价主要还要针对教师教学建立指导反馈机制，形成信息收集、信息处理、信息反馈、教学改进的闭环，这样的课程教学评价才是真正科学的、系统的和有效的。

## 第三节　教学反思与总结

教学反思与总结是课程教学活动不可或缺的重要环节。课程教学需要不断总结经验教训、发现并分析问题以及改进、完善和提高，做到不断打磨、精益求精，切实提升课程教学效果和人才培养质量。

### 一、课程教学反思

教育教学是一个不断“实践—反思—再实践—再反思”的过程。波斯纳曾说过：“20 年的教学经验也许只是一年工作的 20 次重复；除非善于从经验反思中吸取教训，否则就不可能有什么改进。”这句话充分表明了教学反思在教师专业成长中的重要性。著名教育家叶澜说：“一个教师写一辈子教案不一定成为名师，如果一个教师写三年反思却可能成为名师。”教学反思可以有效提升教师的教育活动质量，促进教师自身专业成长，这一点已经成了广大教育工作者的共识。

**(一)课程教学反思内容**

1. 教学中自我反思

教师在自我评价中，要对自己的教育教学行为和全面发展状况进行系统的自我反思，要充分认识自己的优势和不足。反思的目的不在于区分优劣，而在于由此形成改进的计划，促进自我发展。教学反思是促进教师能力发展的有效途径。教师在自我反思中可以围绕以下五个方面进行。

(1)思所得，发扬长处，发挥优势。作为教师，每一堂课总有自己满意的地方，也就是成功之处。或是教学过程中达到预先设计目的的做法，或是课堂教学中突发事件的应变过程，或是教育学、心理学中一些基本原理运用的感触，或是教学方法上的改革与创新，或是双边活动开展得很成功,或是在备课时未曾考虑到而在课堂上突然迸发出的灵感和火花,等等。无论是哪一方面有益的收获,课后都应及时反思,这样日积月累、持之以恒,并把它们归类整理,提升形成一些带有规律性的经验,供以后教学时参考使用,并在此基础上不断地改进、完善、推陈出新。这样对提高教师的课堂教学能力,探索课堂教学改革的思路,形成自己独特的教学风格,会大有好处。

(2)思所失,汲取教训,弥补不足。众所周知,任何一节课,即使教师的备课十分周密,慎之又慎,也不可能做到十全十美。例如:对教材处理不当,对教学中偶发事件估计不足,对某个问题阐述有失偏颇,感到对某个问题的处理力不从心,等等。课后要对它们进行回顾、梳理,并作深刻的反思、探究,使之成为引以为戒的教训。只有敢于正视自己的不足,汲取教训,及时弥补不足,才能不断走向成功。因此,思所失既是教师对学生高度负责的表现,也是不断提高自身教学水平的客观需要。

(3)思所疑,加深研究,释疑解惑。这里的"疑"包括两个方面:一方面是学生的疑点。每节课下来,学生或多或少都会存在某些疑问,有时课堂上无法及时解决,教师把从学生方面反馈过来的疑点记录下来,细加琢磨,会使今后的教学和复习更具针对性,突出教学的重难点,为学生"解惑"。另一方面是教师的疑点。教师对教材中的问题并非一下子就可以理解得十分透彻,有时甚至似是而非。通过课堂教学,教师要注意收集整理教学中遇到的问题以及解决办法,并记录下来,加以专门研究,使之明白透彻,为自己"解惑"。

(4)思所难,化难为易,水到渠成。在课堂教学中,教学的重难点会因学情的变化而有所不同,生源的差异化带来了每期学生在学习起点、知识基础、理解能力、积极程度等方面的区别,因此针对每期学生的学情,教师对教材难点的突破事关教学的成功。所谓教材的难点,是指教师难讲、学生难懂的知识点。如果每一轮教学中教师都把教材难点的选择、处理方法、教学信息反馈或效果,以及今后改进的教学设想等记录下来,并且进行深入细致的分析、比较、研究,长期坚持,必将极大地提高处理教材难点的能力,从而化难为易,更加有益于帮助学生突破知识难点,加深对知识的学习和理解。

(5)思创新,扬长避短,精益求精。教师每完成一堂课,都应该静心沉思:探索了哪些教学规律,教法上有哪些创新,知识上有什么发现,组织教学方面有何新招,解题的诸多误区有无突破,启迪是否得当,训练组织是否规范,流程安排是否合理,板书设计是否科学,内容重点是否突出,课程思政是否恰当,等等。教师要及时记下这些得失,并进行必要的归类与取舍,梳理总结形成针对课程教学的改进措施,构设出新的课程和课堂教学设计,这样就可以做到扬长避短,精益求精,为今后课程教学提供很好的帮助,避免再走弯路,从而提高自身的教学能力和教研水平。

2.评价中整改反思

教师在教学反思中应充分重视和发挥学生、同事及家长评价的作用。这些人都直接或间接参与了教育教学活动,能够从不同的侧面反映教师的工作表现。俗话说"当局者迷,旁观者清",他们能发现教师自我评价中(特别是因主观原因)难以认识到的问题,对教师教学行为的改进和教学水平的提高会产生积极的影响。在这些人的评价中,学生和同事的评价尤为重要。学生是教育教学活动的直接参与者,学生的发展是教师工作的重点和目标,他们对教师的教育教学活动以及师生交往有着直接的感受和判断，教师应高度重视并及时听取他们的评价和建议，及时调整自己的教学策略。例如，课后当学生说某个知识要点不理解或不能很好地运用于实践时，教师就应该反思：在教授这部分内容时，是否考虑到学生原有的知识基础；是否将新授内容与原有知识进行合理链接；链接的方法是否科学；在学生将知识转化为解决实际问题的能力中，是否进行了正确引导；引导的过程是否符合学生由易到难、由简单到复杂的认知规律；等等。教师沿着这个思路反思，一定能找到解决问题的答案，也为以后在教学中处理类似问题提供了经验参考。这样既有利于学生的发展，也有利于教师的自我提升。由于同校教师在教学目标、方法和过程以及教学对象、教学环境等方面的相似性，因此对于教学有更深刻的共鸣和更准确的理解。从同事的评价中反思自己的教学，既可以借鉴他人的经验，又可以吸取自己的教训，对于改进教学和发展自我都是非常有意义的。因此，教师只有理性地对待同事的评价，同时对自己的教学进行深层次的反思，才能避免"孤芳自赏"，不断取得新的突破。总之，教师只有在不断反思中，才能对学生的学习状态和效果有更清楚的认识，对自己的教学有更深入的剖析，为后续课程教学改进、提高提供依据和参考，才能明晰在教学上取得进步的原因，收获成功喜悦的同时，获得成就感，增强教学自信心。

**(二)课程教学反思方法**

1. 撰写课后小结

根据系统论的观点，教学本身也是一个完整的系统。就教师方面来说，上完一节课并不意味着教学环节的完成，只有对自己所讲课的感受、得失、改进方法等诸多方面进行多全面的分析总结，并且把总结结果整理成文记入课后笔记，才算是完成了一个完整的系统。在写课后小结时要注意两点：一是要及时。课堂教学既是脑力劳动，也是体力劳动。每上完一节课，很多教师都会感到身心疲惫，马上写课后总结是不现实和不科学的。但经过适当的休息和调整之后，任课教师最好在当天，最迟在下一次授课前，应该静下心来，对本次课的教学实施情况进行认真的书面回顾和分析。因为如果不及时捕捉、总结，很多宝贵的经验、改革的灵感和教学的创意很难留存下来，失去了在反思的基础上提高教学效果的基础。教师(特别是青年教师)养成写课后小结的习惯，不因一时的惰性放松对自己的要求，日积月累，定会使课后小结成为自己的一笔宝贵的精神财富。鲁迅说过，"无论什么事，如果继续收集资料，积之十年，总可以成为一个学者"，教学也不例外。二是要注重效果。课后分析的角度是多方面的，本节课的整体设计是否合理，在时间的分配、内容的组织、方法的运用、案例的选择、多媒体的效果、学生的参与等方面有哪些成功的地方，在以上环节的处理上还有哪些不足之处等都是要分析的内容，但不是每节课都要进行全方位的分析，要根据教学中的实际情况，从以上侧面进行分析，优点和缺点有就写，可多可少，不需要全面，只要分析准确，找到问题的原因，拿出改进的措施，就可达到课后小结的效果。课后小结是给教师自己用的，解决自身教学问题，因此切忌千篇一律走过场，这样于己不能提高，于人没有裨益，是课后小结的大忌。

2. 听课

听课是比照式反思的有效形式，教师(特别是青年教师)可以在听课的过程中对照、反思，通过听课将其他教师的成功经验借鉴到自己的实际教学中，取人之长，补己之短，不断调整自己的教学设计、授课方法，使自己的教学准备更加充分、教学设计更加完善。听课的范围有多种选择，具体如下。一是听本学科老教师的课，这是尽快提高教学能力的一条捷径。在虚心学习老教师的教学设计、教学技巧和教学经验的同时，听课的过程中应多设几个为什么：假如我上这节课，我会怎样设计？同样的一个教学环节，我会用什么方法去教？相比较而言，其他教师的教学设计是基于怎样的理念？使用这种教学方法有怎样的依据？通过比较，反思自己的教学思路，再比对自己的教学设计进行分析，大胆地去粗取精，扬长避短，最终形成自己的教学风格，写出符合自己特点的教案。二是听其他学科教师的课。尽管非同一学科，教学目标、教学内容和教学要求不完全相同，但教学的基本规律是一致的，学科与学科之间往往存在许多相通之处。经常听其他学科教师的课，和自己所任教的学科特点进行比较反思，是借鉴别人的经验来提高自己教学水平的一种很好的方法。三是听示范课、精品课和观摩课。学校或某一级教学管理部门评选出的示范课、精品课或组织的教学观摩课基本是层层选拔出来的优质课，这些教师在授课过程中体现出的先进教育理念、合理教学设计、灵活的教学方法、风趣的教学语言，都有很多值得学习的地方，也许某个教学上的闪光点会对教师解决教学中的一些困惑有所启发，某种新的教学创意与自身的教学设计相比能碰撞出教改的火花，这样的听课对激励教师奋进、促进教师专业成长具有重要的作用。

3. 召开学生座谈会

教学过程是师生之间为实现教学目标而进行的双边活动。教与学的双方均需在相应输入与输出的基础上及时获得反馈信息。学生座谈会是教师了解学生学习情况第一手资料的最好的形式。定期和不定期地召开学生座谈会，是实时监控现行教学、不断改进教学方法、有效提升教学质量的重要方式。对教师来说，召开学生座谈会是了解学情、掌握教学现状、发现教学问题，从而对学生进行因材施教的有益途径。召开学生座谈会一般分三个阶段实施：一是学期开课之前，二是学期教学之中，三是学期考试之后。开课前座谈会的主要内容是了解学生的基本情况、前期课程的学习情况、相关课程的教学进度以及学生对新开课程的建议和需求等，座谈会之后，教师要认真反思开课前的各项准备工作，对已完成的教案预案进行相应的调整；学期中座谈会的主要内容是倾听学生对自己授课过程中的一些看法和意见，针对普遍存在或带倾向性的问题，及时改进教学方法，根据学生不同的认知结构和学习水平来调整自己的教学设计和教学进度，使教学更贴近学生实际。学期后座谈会的主要内容是要全面了解课程衔接、教学进度、教学内容、教学方法、教学效果、实验课的组织和管理等情况。座谈会可以邀请教学管理干部和学生管理干部参加，座谈会结束之后，教师要认真反思本门课的整体设计和教学实施情况，总结经验，分析问题，制定出课程教学改革方案。通过召开学生座谈会，反思形成的改进措施，有些可以直接运用于当下教学，需要立改立行，有些需要在后续课程教学中运用实践，也需要在教学设计、教案编写等活动中及时完善，不拖延、不遗忘，如此才能取得教学反思的实效。

## 二、课程教学总结

课程教学总结是教学活动中不可缺少的重要环节，是对教学过程现实的或潜在的价值进行分析与判断，用以反映教学目的、目标和期望，定性或定量地如实描述教师的教学质量和学生的学习效果，发现教学中存在的问题，有针对性地制定切实可行、行之有效的改进措施，探索教学规律，提高教学质量的有组织、有计划的教学活动。

**(一)课程教学总结的内涵**

课程教学总结不应是对考试成绩的简单分析，更主要的是对教学规划、教学环节、教学实施的审视与检验，并对教学过程、教学质量和教学效果进行总体评价，分析存在问题，积累教学经验，改进教学工作，提高教学效果。课程教学过程是教师依据课程教学大纲，结合课程教学目标与培养对象情况，有计划、有目的地引导学生认识客观世界，系统地学习和掌握知识技能，提高学习效率，发展创造能力的教学实践活动。课程教学总结是教学过程的收尾环节，是教学实施完整性的重要组成部分。一门课程的设置从决策、设计、实施到评价，经历了多个层次和阶段的转换，从不同的角度分析和评价课程教学活动，关注不同层次课程的实质，在课程总结和评价阶段，以课程已取得的成功经验或不足之处最为重要，有必要从不同层次来把握课程教学总结的实质和内涵。通过对课程教学进行总结，诊断教学方案和教学计划的合理性和适用性，为教学提供有针对性的反馈信息，对教学全过程进行分析与判断，对教学质量与学习效果做出整体性的评价，以区分优劣，在实质上就是对教学过程的质量检验，也是对学习效果的鉴定。

**(二)课程教学总结的重点**

课程教学总结源于教学实践。教学实践涵盖教学计划制订、课堂教学组织、教学方式取舍、教学手段运用、考试考核操作等诸多方面，这些实践聚成课程教学总结的主要对象：教学观念、教学行为和教学结果。

1. 教学观念

观念是行动的先导，教学观念内隐于教学行为之中，教学行为受教学观念的支配。对教学行为的总结，往往局限于实践描述，侧重“技”之所得；对教学观念的总结则是建立在对教学行为深度思考的基础之上，是对教学实践的“解释”，关注“道”之所存。前者是工具，追求有用；后者是思想，追求有理。

2. 教学行为

教学行为包括教师“教”的行为和学生“学”的行为。其中，教师“教”的行为又可细分为教学设计行为、组织实施行为和人际交往行为。对教学设计行为的总结是教学行为总结的重点。教学设计行为囊括三方面内容：一是教学目标是否确切，是否贴合学生实际，是否符合课程教学大纲和教材要求；二是教学内容是否科学，教材处理是否恰当；三是教学方法是否合理，教师是否重视学法指导和因材施教。组织实施行为是教学设计意图的落实，涉及教学流程、教师的主导作用和学生的主体作用。它既受教学设计行为的制约，又具有现场灵活性，是教学行为总结的有机组成部分。人际交往行为涵盖学生的学习热情、师生之间的关系和课堂教学气氛三大要素。对人际交往行为的总结在教学行为总结中是不可或缺的因素。学生“学”的行为蕴含着影响教学结果的丰富信息。总结学生“学”的行为是提高教学质量的重要环节。它有助于教师了解学生学习中普遍存在的问题，从而为学生“量身定做”学习目标、选择学习策略。

3. 教学结果

所谓教学结果，是教师根据教学目标、教学任务和学生身心发展特点，在指导学生掌握科学文化知识和基本技能、发展学生的智力和体力、形成科学的世界观、塑造良好的道德品质、培养学生个性方面所取得的成效。总结教学结果是为了全面检查教学任务和教学目标的执行效果，为后续教学提供重要参考。

**（三）课程教学总结的内容**

课程教学总结应在教学回顾的基础上进行实事求是的评价，反映出有价值的成功经验和存在的问题，并制定改进的措施，以达到有效指导和促进教学的作用。总结的要素主要包括以下几个方面。

1. 教学基本情况分析

主要包括：学生来源信息，基础知识，学习风气，操课秩序，教学管理情况，课程的性质，地位与作用，课程大纲、课程实验标准的具体要求，授课学时（课堂教学、实验教学），培养目标与特色，教学实施的主要方法和策略，等等。

2. 课程教学实施过程分析

在课程目标方面，设置课程首先应该针对不同的教学对象和培养要求，确定达到的具体教学目标；在课程内容方面，包括哪些内容、涉及哪些知识才能实现课程目标；在教学组织方面，可以采用哪些教育策略和教育资源、如何组织与实施来实现课程的教学目标；在质量评估方面，使用哪些方法、手段来评价课程的教学效果，怎样确定课程目标是否真正得到实现。

3. 课程教学实施环节分析

课程教学实施的核心是实现教与学的预期效果，应该注意三个主要环节。一是教师和学生共同参与环节，教师根据课程大纲、授课计划、培训目标等要求，引导学生积极思考、不断探索，使学生产生学习兴趣和求知欲望，实现师生互动和交流；二是学生的学习环节，学生的学习状态、学习风气是否具备学习的主动性和积极性，效率与效果达到什么程度，是否获得了知识和技能、学会了思考和创新；三是知识与技能传递环节，教师根据教学要求对教学内容进行加工，采取适宜的教学方法和手段进行知识与技能传递，如何设计“教什么”“如何实施”“怎么教”。同时把学习的方法教给学生，而学生要琢磨与体会适合自己的学习方法。

4. 学习效果分析

总结学生的学习效果并进行深入分析，对学生的学习过程、风气、效率进行有针对性的分析和总结，对总体学习效果进行评价。如为什么要学习本课程，主要学习什么内容，如何学习好本课程，分析本课程的基本要素，突出课程的地位与作用。主要包括考试（考查）性质、成绩记载方式、试题组成、试题难易程度、课程成绩与分析等。

5. 教学过程满意度评价

对教学过程满意度进行客观的评价，也是对课程本身价值进行评判。结合教学对象与教学目标、教学设计思想与思路、课程内容与授课方法等，正确把握教学质量能够达到什么程度，对今后的教学会产生什么影响，进行实事求是的有针对性的评价，判定教学质量的满意度，为后续的教学工作提供可以借鉴的经验。主要包括教学思想与教学理念更新、教学手段与方法改进、教学质量与学习效果提高、成功经验与存在问题剖析、教学管理与师德师风树立、增强责任感与使命感教育、激发学习主动性与学习热情等。

6.制定改进措施

古人说："学然后知不足，教然后知困。知不足，然后能自反也；知困，然后能自强也。故曰：教学相长也。"通过课程教学总结，能够清晰地反映出课程的教学质量与学习效果，剖析出存在的问题与不足，深刻分析课程教学过程中有哪些需要改进之处，进而有针对性地制定出切合实际、行之有效的改进措施，对课程教学进行再设计，在不断的总结和改进中完善并提高。

# 参考文献

[1] 付用军，战希臣，杨春周．“金课”建设视角下高校课程考核改革研究[J]．大学教育，2021(12)：38－40．

[2] 吕方兴，方昕，钟生海．“以学为中心”的新教学模式下的课程考核评价体系[J]．微型电脑应用，2019(1)：1－3．

[3] 谌丛．本科生课程考核方式探析[J]．科教文汇，2018(36)：130－131．

[4] 潘小青，李玉晓，侯春菊．大学课程考核存在的问题及变革探讨[J]．江西理工大学学报，2020，41(6)：83－86．

[5] 曹雪丽，卓亚琦，夏雄平，等．大学理工科课程考核方式改革思考[J]．科学大众(科学教育)，2019(1)：153－154．

[6] 王亚南，张伟．高校课程考核改革的思考与探索[J]．吉林省教育学院学报，2022，38(3)：25－28．

[7] 滕跃．关于高校课程考核模式的相关思考[J]．西部素质教育，2019，5(23)：19－20．

[8] 秦昕昕，张丽．关于构建本科院校课程考核质量监控机制的思考[J]．武汉船舶职业技术学院学报，2020，19(4)：17－19．

[9] 张燕，李欣，郭永盼．混合式教学模式下的课程考核体系改革研究[J]．科教导刊，2021(7)：50－51．

[10] 金晨．混合式教学中课程考核模式的研究[J]．高教学刊，2019(25)：130－132．

[11] 邓淼磊．基于 OBE 教育理念的课程考核模式改革思考[J]．教育教学论坛，2019(3)：107－108．

[12] 高丽丽，贾红丽，郝冰．面向能力的课程考核改革[J]．科教导刊，2019(7)：71－72．

[13] 蔡小簪．浅谈高校课程考核实行教考分离的必要性[J]．教育现代化，2019，6(A1)：212－213．

[14] 魏颖．新时代深化高校课程考核改革的思考[J]．教育教学论坛，2022(17)：93－96．

[15] 袁月梅，姚美村，潘明皓．以课程考核模式改革为引擎加速推进“双一流”高校本科人才培养的内涵建设[J]．高教学刊，2020(9)：15－17．

[16] 冷伟，姬晓旭，胡赛明，等．以学习为中心的课程考核：指导与评估[J]．大学教育，2022(2)：11－13．

[17] 蔺中,任磊,梁燕秋,等.中国高校课程考核改革研究[J].教育教学论坛,2020(15):122-123.
[18] 李慧,左莉.优化本科专业课程考核方式的研究[J].中国现代教育装备,2019(23):47-48.
[19] 陆长平,姜锐,邓庆山.构建探究式教学课程评价指标体系[J].中国大学教学,2013(6):76-78.
[20] 邹媛."六位一体"课程教学质量内部评价的模式构建[J].重庆高教研究,2018,6(1):31-40.
[21] 方昕.深化综合改革背景下的课程教学质量评价体系的构建[J].微型电脑应用,2018,34(2):25-28.
[22] 温世儒,吴霞,刘霞.高校课程教学效果评价方法的不足及其补救[J].文教资料,2018(12):185-186.
[23] 覃鸿怀.高校课程教学质量评价体系问题研究[J].高教学刊,2018(2):107-109.
[24] 林清书.刍议教学语言的定位[J].语文学刊,2005(11):34-36.
[25] 魏汉武.教师课堂教学语言艺术浅析[J].陕西广播电视大学学报,2018,20(4):32-34.
[26] 加涅,韦杰,戈勒斯.教学设计原理[M].王小明,庞维国,陈保华,译.5版.上海:华东师范大学出版社,2018.
[27] 曲炜.军队院校课程建设研究[M].北京:国防工业出版社,2011.
[28] 陈彩虹,赵琴,汪茂华,等.基于核心素养的单元教学设计:全国第十届有效教学理论与实践研讨综述[J].全球教育展望,2016,45(1):121-128.
[29] 徐辉.国外大学教学与改革[M].杭州:浙江大学出版社,2005.
[30] 王学伟.论理工科专业课的教学设计[J].教育教学论坛,2018(24):174-176.
[31] 杨颖东.核心素养视野下教学设计现代化的变革策略[J].上海教育科研,2020(7):77-82.
[32] 石鸥.核心素养的课程与教学价值[J].华东师范大学学报(教育科学版),2016,34(1):9-11.
[33] 蒋永贵.指向核心素养的学习目标研制[J].课程·教材·教法,2017,37(9):29-35.
[34] 张良.论素养本位的知识教学:从"惰性知识"到"有活力的知识"[J].课程·教材·教法,2018,38(3):50-55.
[35] 邵朝友,崔允漷.指向核心素养的教学方案设计:大观念的视角[J].全球教育展望,2017,46(6):11-19.
[36] 夏雪梅.项目化学习设计:学习素养视角下的国际与本土实践[M].北京:教育科学出版社,2018.
[37] 成尚荣.基础性:学生核心素养之"核心"[J].人民教育,2015(7):24-25.
[38] 崔允漷.学科核心素养呼唤大单元教学设计[J].上海教育科研,2019(4):1.
[39] 陈佑清."学习中心课堂"教学过程组织的逻辑及其实现策略[J].全球教育展望,2016,45(10):40-47.
[40] 李润洲.指向学科核心素养的教学逻辑[J].当代教育科学,2019(6):31-35.
[41] 陈文,李庆华,施芝元,等.高校现代教育技术中心的新型职能定位[J].现代教育技术,2013,23(6):47-51.
[42] 马健生,李洋.核心素养的边界与限度:一种比较分析[J].北京师范大学学报(社会科

学版),2018(3):28－40.
[43] 周媛媛,张贝贝,顾睿文.大学教学过程中板书和PPT的融合设计[J].教育教学论坛,2021(17):165－168.
[44] 杨凤梅.高校教师"PPT依赖症"的归因分析以及对策探讨[J].电化教育研究,2011(3):54－57.
[45] 彭小明.论语文板书的要求[J].淮北煤炭师范学院学报(哲学社会科学版),2006(1):156－159.
[46] 赵文波.教学中板书应遵循的原则[J].呼兰师专学报,1996(4):74.
[47] 王松泉.板书学[M].上海:上海交通大学出版社,1995.
[48] 张倩.中学数学几何教学板书设计研究[D].上海:上海师范大学,2018.
[49] 孟宪凯,刘文甫.媒体运用技能训练[M].天津:天津教育出版社 ,2010.
[50] 吴重光.教学心理[M].广州:广东教育出版社,1993.
[51] 王松泉.语文教育板书学[M].大连:大连出版社,1990.
[52] 刘显国.板书艺术[M].北京:中国林业出版社,1999.
[53] 王荣清.板书设计的原则和方法[J].甘肃教育,1994(10):22.
[54] 经志俊.例谈基于教学内容结构化的板书设计策略[J].化学教学,2020(10):24－29.
[55] 冯小叶.试论化学课堂的板书设计[J].山西广播电视大学学报,2008(5):44－45.
[56] 陈雪芬,李蔚蔚.教学艺术在语文课堂中的运用[J].现代汉语(教学研究版),2006(1):46－48.
[57] 胡云.课堂教学技术[M].呼和浩特:远方出版社,2005.
[58] 孙菊如.课堂教学艺术[M].北京:北京大学出版社,2006.
[59] 张晓欧.兼职教员必备教学技能[M].北京:国防工业出版社,2013.
[60] 曾素林.实践教育论纲[M].北京:中国社会科学出版社,2017.
[61] 李森.现代教学论纲要[M].北京:人民教育出版社,2018.
[62] 李珂,黄琦志,赵科.军队院校任职教育实践教学方法研究[J].军事交通学院学报,2013,15(8):42－45.